Adultère
et conséquences

Adultère
et conséquences

Vaudeville

d'après Georges Feydeau

Ce texte est protégé et fait partie du répertoire de la Société des Auteurs & Compositeurs Dramatiques (SACD).
En conséquence avant son exploitation vous devez obtenir l'autorisation auprès de la SACD, que ce soit pour la France, ou l'international.
La SACD peut faire interdire la représentation le soir même si l'autorisation de jouer n'a pas été obtenue par la troupe.
Le réseau national des représentants de la SACD (et leurs homologues à l'étranger) veille au respect des droits des auteurs et vérifie que les autorisations ont été obtenues et les droits payés, même a posteriori.
Lors de sa représentation la structure de représentation (théâtre, MJC, festival…) doit s'acquitter des droits d'auteur et la troupe doit produire le justificatif d'autorisation de jouer. Le non respect de ces règles entraine des sanctions (financières entre autres) pour la troupe et pour la structure de représentation.
Ceci n'est pas une recommandation, mais une obligation, y compris pour les troupes amateurs.
Merci de respecter les droits des auteurs afin que les troupes et le public puissent toujours profiter de nouveaux textes.
Rendez-vous sur http://www.sacd.fr

Rivoire & Cartier, fabricants de textes de théâtre.
www.rivoirecartier.com
contact@rivoirecartier.com
© Rivoire & Cartier 2018.

Edition : BoD - Books on Demand
12/14 rond-point des Champs Elysées
75008 Paris
Imprimé par BoD – Books on Demand, Norderstedt
ISBN : 978-2-3221-6562-9
*Dépôt légal : **novembre 2018.***

Tous droits de traduction, d'adaptation et de reproduction interdits.

Adultère et conséquences
a été créé à Bordeaux
le 8 juin 2018,
Théâtre Le Victoire,
par la Compagnie Leitmotiv,
dans une mise en scène
de Maxence Geley.

Avec
Laura Naji dans le rôle de Berthier
Amélie Martin dans le rôle de Finkelstein
Christine Berrier dans le rôle de De Marcy
Laure Chaisy dans le rôle de Vanina
Laetitia Villefranque dans le rôle de Laurence
Maxence Geley dans le rôle de Marianeau
Pierre Saury dans le rôle de Bourrassol
Morgane Richard dans le rôle de Samantha
Phlippe Dutreuilh dans le rôle de Montagnac
Émilie Laurent dans le rôle d'Alex
Isabelle Giliot dans le rôle de Yvonne
Jennifer Vendôme dans le rôle d'Alicia
Whelsy Boungou dans le rôle de Bright

Personnages

BERTHIER, *secrétaire de Marianeau.*
FINKELSTEIN, *patiente de Marianeau.*
DE MARCY, *directrice de la Clinique Saint-Bernard.*
VANINA, *bonne des Marianeau.*
LAURENCE, *femme de Marianeau.*
MARIANEAU, *psychiatre.*
BOURRASSOL, *ami des Marianeau.*
SAMANTHA, *maîtresse de Marianeau.*
MONTAGNAC, *père de Laurence.*
ALEX, *maîtresse de Montagnac.*
YVONNE, *mère de Laurence, épouse de Montagnac.*
ALICIA, *patiente de Marianeau.*
BRIGHT, *amant d'Alicia, mari de Samantha.*

LE DECOR

L'action se déroule dans le cabinet du docteur Marianeau, psychiatre. La pièce est partagée en deux par un paravent : d'un côté un divan avec un fauteuil dont le praticien se sert pour ses consultations ; de l'autre côté du paravent, un bureau avec deux fauteuils. Sur le divan, une couverture. Sur le bureau, en plus du nécessaire, un bouton relié à un fil. Il y a trois portes : de chaque côté du paravent, deux portes donnent sur le couloir permettant d'accéder au logement du docteur ainsi qu'à la salle d'attente et une troisième porte, placée côté bureau, mène à une salle d'eau attenante au cabinet.

Scène 1. Berthier, Finkelstein.

Berthier, seule dans le cabinet, est au téléphone.

BERTHIER. — Mais puisque je vous dis que le docteur va combler son découvert ! *(On frappe à la porte du côté de la salle d'attente.)* Grâce à quoi ? Eh bien grâce au prêt que vous allez lui accorder. *(On frappe de nouveau.)* Comment ça, « c'est une honte ! » ? Vous devriez être contente : il vous devait dix mille, il vous devra bientôt vingt-cinq mille ! Ça, c'est ce que j'appelle un bon client ! *(On refrappe à la porte.)* Ah non, vous ne pouvez pas. Vous ne pouvez pas nous refuser ce crédit, c'est impossible. Mais parce que dans « Crédit commercial de Paris » il y a *crédit*, chère madame. Il y a aussi *commercial*, c'est vrai, maintenant que vous me le dites… *(La porte s'ouvre et Finkelstein laisse passer la tête. À elle :)* Le docteur n'est pas encore arrivé, Mme Finkelstein. *(À son interlocutrice :)* Oui, oui je sais, ça fait trois semaines qu'il est dans le rouge… Six mois ? Comme le temps file…

FINKELSTEIN. — J'attends depuis une demi-heure.

BERTHIER, *à Finkelstein.* — Oui, mais ça, c'est exprès. *(Au téléphone :)* Mais non, il ne fait pas exprès d'être à découvert.

FINKELSTEIN. — C'est exprès ?

BERTHIER, *à Finkelstein.* — C'est exprès. *(Au téléphone :)* Mais non, c'est pas exprès !
FINKELSTEIN. — Je ne comprends pas. C'est exprès ou c'est pas exprès ?
BERTHIER, *à Finkelstein.* — C'est pourtant simple. Vous, c'est exprès ! *(Au téléphone :)* Et vous, c'est pas exprès !
FINKELSTEIN. — Le docteur me fait attendre exprès ?
BERTHIER, *à Finkelstein.* — C'est un test. *(Au téléphone :)* Oui, un test, ce découvert, parfaitement. Pour tester les reins de votre banque.
FINKELSTEIN. — Je sais : il veut vérifier que je peux résister à la frustration !
BERTHIER, *à part.* — Ça, pas besoin de vérifier, on en est tous convaincus !
FINKELSTEIN. — Ça fait partie de la cure.
BERTHIER, *à Finkelstein.* — C'est thérapeutique. *(Au téléphone :)* Thérapeutique, oui. Maintenant qu'on sait que vous pouvez supporter six mois de découvert, on est décidés, on reste clients chez vous ! *(Un temps.)* Je ne vous sens pas très enthousiaste… *(À Finkelstein :)* Vous n'avez pas vu la petite lumière ?
FINKELSTEIN. — Quelle petite lumière ?
BERTHIER, *au téléphone.* — Quelle petite lumière ? Mais la lumière qui jaillit lorsqu'on arrive au bout du tunnel !

FINKELSTEIN, *les yeux fixes*. — Si ! Je la vois… Je la vois à chaque fois que je viens voir le docteur…
BERTHIER, *au téléphone, s'embrouillant*. — La lumière au bout du tunnel, c'est une image, pour évoquer un renouveau, une sortie de crise. Le docteur a mis au point un appareil… je ne peux pas encore vous en parler, mais ça va être… oh lala ça va être… Dès qu'il arrive, il vous rappelle et il vous explique. C'est ça, je vous remercie, au revoir chère madame, et toutes mes amitiés au service recouvrement et contentieux. *(Elle raccroche.)*
Vanina entre suivie de De Marcy.

Scène 2. Les mêmes, Vanina et De Marcy.

VANINA. — Excusez-moi, Mme Berthier…
BERTHIER. — Enfin, Vanina !… Vous n'avez pas vu la petite lumière ?
VANINA. — Quelle lumière ?
BERTHIER. — Oh ! Mme de Marcy !
DE MARCY. — Bonjour Berthier. Je suis pressée. Où est Marianeau ?
BERTHIER. — Mais il est là…
FINKELSTEIN. — Le docteur est arrivé ?
BERTHIER, *à Vanina* — Dites-lui de se dépêcher !
VANINA. — Le docteur ?
BERTHIER. — Naturellement, pas le pape !

Vanina. — Il n'est pas là.
Berthier. — Il n'est pas là ?
De Marcy. — Il n'est pas là ?
Vanina. — Il est sorti.
Berthier. — Une course urgente ?
Vanina. — Hier soir.
Berthier. — Une course urgente hier soir ?
Vanina. — Il est sorti hier soir, quand je quittais mon service. Il n'est toujours pas rentré. Madame s'inquiète.
Berthier. — Madame ?
Vanina. — Madame Marianeau ! Elle se ronge les sangs.
Berthier. — Mais je croyais qu'elle allait chez sa vieille peau de tante euh… sa vieille tante de Pau, dans le Béarn…
Vanina. — Grève surprise.
Berthier. — À la SNCF ?
Vanina. — Exact.
De Marcy. — Une grève à la SNCF ? Voilà qui est surprenant.
Vanina. — Monsieur ne devrait pas découcher comme ça…
Berthier, *bas, à Vanina, montrant Berthier.* — Taisez-vous !
De Marcy. — Marianeau découche ?
Berthier, *riant faux.* — Mais non… mais non…
De Marcy. — Que les choses soient claires, si nous devions faire affaire ensemble… J'attache

une grande importance à certaines valeurs et je n'admettrai en aucun cas que Marianeau s'amuse à…

BERTHIER, *mentant avec le sourire.* — Le docteur est là !

VANINA. — Le docteur est là ?

DE MARCY. — Faudrait savoir. Il est là ou il est pas là ?

BERTHIER. — Mais il est là !

VANINA. — Il est là ?

FINKELSTEIN. — Il est là, le docteur ?

BERTHIER. — Cette Vanina ! Quelle étourdie ! *(Voulant montrer qu'elle prend la chose à la plaisanterie, elle donne une tape à Vanina, mais un peu trop forte.)*

DE MARCY. — Une explication claire, c'est dans vos cordes ?

BERTHIER. — Evidemment. *(Bas, à Vanina :)* Vous, plus un mot ! *(À De Marcy :)* Mme de Marcy, nous connaissons vos principes et comme je vous l'ai dit au téléphone, le docteur Marianeau est fils de catholique, petit-fils de catholique, catholique lui-même, baptisé, catéchisé, confirmé, reconfirmé, certifié, garanti 100% catholique, alors j'aime autant vous dire qu'ici on ne plaisante pas avec le domicile conjugal. *(Rire de Vanina. Pataugeant :)* Pour vous dire la vérité le docteur a passé toute la nuit à baiser/à Béziers… tout ça parce… parce que… parce

qu'il voulait ramoner un maximum/ramener un maximum de fellations/d'informations... sur... sur... sur la découverte d'un confrère. Il est revenu un peu tard mais il arrive. En attendant, je vais vous présenter le *Sleep-fast.*
DE MARCY. — Tout de même.
FINKELSTEIN. — Vous souhaitez peut-être que je...
BERTHIER. — Non, restez là Mme Finkelstein, au contraire, vous allez nous aider.
FINKELSTEIN. — Vous aider, mais à quoi ?...
BERTHIER. — Vanina, j'ai aussi besoin de vous. *(Prenant un petit boîtier.)* Tout d'abord, permettez-moi d'insister sur la confidentialité de cet entretien. Le brevet est déposé mais la discrétion reste de mise. Bien. Auparavant, l'hypnose était réservée à un cercle restreint d'initiés. Pour placer un sujet en transe, il fallait soit un don, soit une solide formation. Avec *Sleep-fast*, hypnotiser son prochain devient à la portée de n'importe qui. J'active *Sleep-fast*, et je dirige le capteur vers le sujet. *(Elle oriente le boitier vers Finkelstein.)*
FINKELSTEIN. — Moi ? Mais qu'est-ce que vous allez me faire ?...
BERTHIER. — Rassurez-vous, c'est sans douleur.
FINKELSTEIN. — Je ne suis pas d'accord !
BERTHIER. — Ce qu'il y a de pratique, avec *Sleep-fast*, c'est qu'on peut justement se passer

de votre accord ! Quand je dirai le mot « macaroni », vous tomberez dans un sommeil profond et vous ne sentirez plus rien.
DE MARCY. — Pourquoi *macaroni* ?
BERTHIER. — Ce mot ou un autre, aucune importance. *(À Finkelstein :)* À présent, je place le bouton sur la position « sleep ». Attention… Macaroni ! *(Soudain, Finkelstein s'immobilise totalement quoique les yeux grand ouverts.)*
VANINA. — C'est quoi, ce truc ?
DE MARCY. — Qu'est-ce qui lui arrive ?
BERTHIER. — Elle dort !
DE MARCY ET VANINA. — Elle dort ?
BERTHIER. — Profondément. Elle est dans un état d'hypnose parfaite. Appelez-la, vous verrez.
DE MARCY. — Madame !... Madame ?... Ohé !... C'est pourtant vrai.
VANINA, *touchant Finkelstein*. — Et elle ne sent rien ?
BERTHIER. — Elle est devenue insensible à toute douleur. *(Elle pince Finkelstein qui demeure de marbre.)*
DE MARCY. — Un pincement, c'est une chose ; une opération, c'en est une autre.
BERTHIER. — Ce n'est qu'une démonstration. Le docteur a réalisé de nombreuses expériences qui prouvent l'efficacité du *Sleep-fast*.
DE MARCY. — Mais comment cela fonctionne-t-il ?

BERTHIER. — Une histoire d'ondes électro magnétiques, mais ne me demandez pas le détail. Le docteur vous expliquera ça dès qu'il sera rentré euh... dès qu'il aura fini son petit-déjeuner ! Bien, nous allons maintenant sortir le sujet de sa transe, tout simplement en tournant le bouton en position « on ». *(Elle s'exécute. Finkelstein redevient mobile mais semble hallucinée.)*

FINKELSTEIN, *comme une somnambule, chantant et dansant doucement.* — « Je t'ai rencontré simplement, et tu n'as rien fait pour chercher à me plaire ».

DE MARCY. — Qu'est-ce qu'elle a ?

BERTHIER. — C'est un état transitoire quasi-somnambulique qui permet au sujet de passer de la transe à la veille.

FINKELSTEIN, *poursuivant.* — « Je t'aime pourtant d'un amour ardent ». *(Elle se réveille soudain.)* Qu'est-ce qui m'arrive ?

BERTHIER. — Vous avez dormi.

FINKELSTEIN. — Moi ?

BERTHIER. — Oui !

DE MARCY. — Vous nous avez entendues ?

FINKELSTEIN. — Non.

DE MARCY. — Vous avez senti quelque chose ?

FINKELSTEIN. — Non.

VANINA. — Asseyez-vous.

DE MARCY. — C'est extraordinaire ! Berthier, vous savez que nous sommes en concurrence avec la Clinique Saint-Antoine ?
BERTHIER. — Saint-Bernard contre Saint-Antoine, une lutte ancestrale.
DE MARCY. — Mais amicale ! N'empêche, ça me ferait plaisir de leur damer le pion, à ces putains de Jésuites ! *(Elle se signe, penaude.)* Dieu me pardonne... Vous imaginez les retombées financières de votre petite machine dans notre établissement ? Grâce au *Sleep-fast*... Plus besoin du service anesthésie ! L'amputation d'une jambe ? *Sleep-fast*. L'ablation d'un rein ? *Sleep-fast*. Une opération à cœur ouvert ? *Sleep-fast*.
BERTHIER. — *Sleep-fast*, reposez-vous sur lui !
DE MARCY. — Bien, bien, bien... Je vais laisser à Marianeau le temps de finir son petit-déjeuner et je reviens dans un moment. En arrivant, j'ai vu dans une brocante une belle promo sur un lot de crucifix ! *(Se dirigeant vers la sortie :)* En attendant, dites-lui que je suis passée.
BERTHIER, *la raccompagnant*. — A qui ?
DE MARCY. — Eh bien, au docteur ! *(Ayant soudain un doute.)* Il est là ?
BERTHIER. — Mais bien sûr ! Il est là, il est là ! *(De Marcy sort. À Vanina :)* Mais il est où ? Découcher ! Cette nuit, justement, la veille d'un rendez-vous si important !

FINKELSTEIN. — Il faut le comprendre, c'est un homme que j'aime/qui aime sa liberté… *(Elle est gênée de son lapsus.)*
BERTHIER. — Je vous suggère d'aller un moment en salle d'attente.
FINKELSTEIN. — Encore ?
BERTHIER. — Comment « Encore » ? Une patiente, ça patiente ! *(Finkestein sort. À Vanina :)* Le docteur a passé la nuit dehors ?
VANINA. — Je pensais avoir été claire.
BERTHIER. — Trop claire justement, bien trop claire ! Lancer que le docteur découche, et ça devant Marie-Thérèse de Marcy, directrice de la Clinique catholique Saint-Bernard, très gros contrat potentiel… On a frôlé la catastrophe…
VANINA. — Je ne savais pas…
BERTHIER. — Autre chose : dans le couloir, à côté de la porte, il y a un panneau. Sur ce panneau est inscrit : « Lorsque la petite lumière est rouge, n'entrez sous aucun prétexte, le docteur est en consultation. » Vous ne l'aviez pas vue ?
VANINA. — Le panneau ?
BERTHIER. — La lumière !
VANINA. — Il n'y avait pas de lumière !
BERTHIER. — Pas de lumière ?
VANINA. — Pas de lumière !
BERTHIER. — Zut, l'ampoule est grillée…

Scène 3. Berthier, Vanina, Laurence.

LAURENCE, *entrant et regardant partout.* — Toujours pas là ?
BERTHIER. — Bonjour Mme Marianeau…
LAURENCE. — Oui… bonjour Berthier. Vous n'avez pas vu mon mari ?
BERTHIER. — Votre ? Non. Non, non…
LAURENCE. — Mais que se passe-t-il ?
BERTHIER. — Ne vous inquiétez pas…
LAURENCE. — Ah non ! Pas de ça, je vous en prie ! Je pars hier soir pour Pau visiter trois jours ma grande tante Elisabeth, mon mari m'affirme qu'il va se coucher sans dîner avec un tilleul et *La Revue de psychiatrie moderne* ; arrivée à la gare, j'apprends qu'une grève paralyse tous les trains depuis 19h00 précises, je reviens ici et je ne trouve personne ! J'ai cherché à le joindre toute la nuit, sans résultat. Si dans cinq minutes je n'ai pas de ses nouvelles, j'appelle la police ! *(Elle sort par une des portes couloir.)*
BERTHIER, *ironique.* — Je crois qu'elle commence à l'apprécier.

Scène 4. Vanina, Berthier, Finkelstein, Marianeau.

Lentement Marianeau entre par une des portes donnant sur le couloir. Il est vêtu d'un smoking froissé, nœud papillon défait, les cheveux en bataille, la mine déconfite, encombré de cotillons et de serpentins.

VANINA. — Monsieur… mais monsieur…
MARIANEAU, *baillant*. — Remettez-vous Vanina, ce n'est que moi…
VANINA. — Monsieur a passé la nuit dehors ?
MARIANEAU. — Oui. Enfin non ! Enfin oui ! Enfin, ça vous regarde ? Tiens, Berthier, déjà là ?
BERTHIER. — Il est neuf heures quarante-cinq.
MARIANEAU. — Si tard ? Comme le temps file, en votre compagnie, mesdames…
BERTHIER. — Le temps file encore plus vite quand on a rendez-vous avec Marie-Thérèse de Marcy, directrice de la Clinique Saint-Bernard.
MARIANEAU. — Oh nom de dieu !
BERTHIER. — Je vous conseille désormais d'éviter cette expression avec Mme de Marcy…
MARIANEAU. — Elle arrive à quelle heure ?
BERTHIER. — Elle est partie il y a cinq minutes.
MARIANEAU. — Cinq minutes ? Mais… oh non !...
BERTHIER. — Elle est emballée par *Sleep-fast*.
MARIANEAU. — Vous lui avez fait une présentation ? Oh Berthier ! Je ne sais pas ce que je ferais sans vous…
BERTHIER. — Par contre, la banque a encore appelé, il faut absolument que vous…
MARIANEAU. — Oui, oui, je sais, je sais… Mais si Saint-Bernard m'achète *Sleep-fast*, ça va m'ouvrir tout le marché catholique ! Il ne

reste plus qu'à convaincre Michel de m'avancer les fonds, et ce sera la fortune…
VANINA. — Vous devriez aller voir madame, monsieur.
MARIANEAU. — Madame ?
VANINA. — Elle n'a pas fermé l'œil de la nuit.
MARIANEAU. — Ma femme est là ? Mais… Mais… Elle devait aller passer trois jours à Pau.
VANINA. — Votre femme n'a pas pu partir. Grève de la SNCF.
MARIANEAU. — Une grève ?
VANINA. — Depuis hier soir 19h00.
MARIANEAU. — 19h00 ?
BERTHIER. — Ah docteur, à la SNCF on ne plaisante pas avec les horaires. Les grèves commencent toujours à l'heure ! *(Sortant :)* Mme Finkelstein attend sa consultation depuis trois quarts d'heure.
VANINA, *sortant également*. — J'aimerais bien, si possible, un peu plus tard, vous reparler de ma demande.
MARIANEAU. — Votre demande ?
VANINA. — Mon salaire.
MARIANEAU. — Ah… oui, oui, on en reparlera. En attendant, apportez-moi mon petit-déjeuner ici.

Scène 5. Marianeau, seul.

MARIANEAU. — Alors là… si la SNCF se met à faire grève, c'est la fin de tout ! De toute façon, je ne pouvais pas passer cette nuit sans elle ! Notre anniversaire, déjà trois semaines qu'on s'est rencontrés, ça se fête ! *(Consultant son téléphone.)* Un texto. C'est elle ! … *(Lisant :)* « Merci pour cette nuit torride et inoubliable» Cette petite diablesse fait vraiment de moi ce qu'elle veut…

Scène 6. Marianeau, Laurence.

LAURENCE, *entrant*. — Ah ! Tu es là.
MARIANEAU. — Oui ! Mais… toi aussi ?
LAURENCE. — Manifestement.
MARIANEAU, *mal à l'aise et cherchant quoi dire*. — C'est vraiment sensas' que tu sois là, Laurence… mais tu ne devais pas partir pour Pau ?
LAURENCE. — Grève des trains.
MARIANEAU. — Ah oui... Quel emmerdement !… Enfin… je veux dire… quel dommage…
LAURENCE. — Où as-tu passé la nuit ?
MARIANEAU. — Hein ?
LAURENCE. — Où as-tu passé la nuit ?
MARIANEAU. — Oui, je ne suis pas sourd, où j'ai passé la… Ah mais je ne t'ai pas envoyé un texto ?
LAURENCE. — Non.
MARIANEAU. — Je ne t'ai pas envoyé un texto pour te dire que j'allais chez Bourrassol ?
LAURENCE. — Bourrassol ?

MARIANEAU. — Tu te souviens, ça fait des mois qu'on n'avait plus de nouvelles de Bourrassol. Eh bien je sais moi, maintenant, pourquoi on n'avait plus de nouvelles. Il est très malade, Bourrassol.
LAURENCE, *incrédule*. — Ah ! Et tu y as passé la nuit ?
MARIANEAU. — Eh ben oui ! Tu n'imagines pas l'état dans lequel il est, Bourrassol.
LAURENCE, *narquoise*. — Vraiment ?
MARIANEAU. — J'ai dû le veiller.
LAURENCE. — En smoking ? Avec serpentins et cotillons ?
MARIANEAU, *s'enlisant*. — En smoking, oui… euh non !... Enfin, c'est à dire… oui, oui, en smoking ! Écoute, Bourrassol est dans un tel état que la moindre émotion le tuerait ! Alors pour atténuer la gravité de la situation, on a organisé une petite soirée chez lui, avec des confrères… Une sorte de consultation médicale collective, si tu préfères… une consultation en smoking… on a bu, on a dansé, toujours pour atténuer la gravité de la… Et tout en dansant… mine de rien… *(Chantant et dansant :)* « C'est le cancer du pancréas, il en mourra quoi qu'on y fasse » *(Bis.)* On a ri ! Psychologiquement, on ne pouvait pas lui annoncer de manière directe.
LAURENCE. — Donc, il est perdu ?
MARIANEAU, *catégorique*. — Perdu ! J'ai même commandé son cercueil.

Scène 7. Les mêmes, Vanina, Bourrassol, Finkelstein.

VANINA, *ouvrant une porte et annonçant*. — M. Bourrassol.
MARIANEAU. — Hein ?
BOURRASSOL, *entrant*. — Salut François, ça fait une paye !
MARIANEAU, *à part*. — Mais d'où il sort, lui ? *(Courant à Bourrassol, bas :)* Taisez-vous ! Vous êtes malade !
BOURRASSOL. — Moi ? Mais pas du tout !
LAURENCE. — M. Bourrassol, quelle surprise ! Vous allez bien ?
BOURRASSOL. — Ça peut aller.
MARIANEAU, *à Laurence*. — Oui, ça peut aller, bien sûr, ça peut aller, c'est toujours ce qu'on dit, mais c'est pas fameux, crois-moi, c'est mauvais, c'est même très préoccupant, en fait c'est irrémédiable !… *(Bas, à Bourrassol :)* Taisez-vous, je vous dis que vous êtes malade !
LAURENCE. — Mais pourquoi veux-tu que M. Bourrassol soit malade, puisqu'il te dit lui-même…
MARIANEAU. — Il ne sait pas tout ! Il n'est pas médecin. Je te dis qu'il est condamné !
BOURRASSOL. — Moi, je suis condamné ?
MARIANEAU. — Eh bah oui, eh bah oui, eh bah oui… Simplement on a préféré vous cacher la gravité de la situation ! *(À part :)* Mais qu'il en crève ! qu'il en crève !

BOURRASSOL. — C'est vrai que ces derniers temps je me sens un peu patraque…
MARIANEAU, *à Laurence, triomphant*. — Tu vois ! Il se sent patraque !
LAURENCE, *à Bourrassol*. — C'est même pour ça que mon mari a passé la nuit à votre chevet.
MARIANEAU, *à part*. — Oh non !...
BOURRASSOL. — Il a passé la nuit à mon chevet, lui ?
MARIANEAU. — Évidemment ! Vous ne vous en souvenez pas ? *(À Laurence :)* Laisse, Laurence, tu vois bien que cet homme nage en plein délire ! *(Bas à Bourrassol :)* Mais vous allez la boucler ?
BOURRASSOL, *à part*. — Mais qu'est-ce qui m'arrive ?
LAURENCE, *à part*. — J'avais des soupçons mais maintenant j'en suis certaine, il me trompe !
FINKELSTEIN, *entrebâillant la porte*. — Excusez-moi docteur, ma consultation, j'attends depuis quarante-cinq minutes…
MARIANEAU. — Justement, Mme Finkelstein, vous n'êtes pas à deux minutes près !
FINKELSTEIN, *refermant la porte*. — Oui, c'est vrai docteur, c'est vrai, pardonnez-moi…
LAURENCE, *à Marianeau*. — Au fait, tu as parlé à mon père pour le prêt ?

Marianeau. — Il est censé passer tout à l'heure.

Laurence, *à part.* — Moi vivante, cet argent, tu ne l'auras pas ! *(Elle sort.)*

Marianeau, *la suivant.* — Laurence, pas de blague… ce prêt est très important pour le développement de *Sleep-fast*…

Scène 8. Marianeau, Bourrassol, Finkelstein.

Marianeau, *à Bourrassol.* — Bien ! On peut savoir ce que vous faites ici ?

Bourrassol. — En fait, j'étais venu pour… Mais ça n'a plus d'importance. Alors, docteur… dites-moi la vérité… je suis foutu ?

Marianeau. — Hein ?

Bourrassol. — Il me reste combien de temps ? Un mois ?

Marianeau. — Mais non !

Bourrassol. — Moins ? Quinze jours ?

Marianeau. — Écoutez, c'est trop long…

Bourrassol. — Trop long ? Je vais claquer demain ou après-demain, c'est ça ?

Marianeau. — Mais non ! C'est trop long à vous expliquer, mais vous êtes arrivé, et j'ai dû, pour les besoins de la situation…

Bourrassol. — Docteur, arrêtez de me prendre pour un idiot ! Je sais que vous êtes très copain avec le docteur Petypon, mon généraliste…

MARIANEAU. — Écoutez, Bourrassol, vous êtes en forme, en pleine forme !
BOURRASSOL. — Assez de mensonges ! Il m'a fait faire des examens la semaine dernière. Qu'est-ce qu'il vous a dit, hein ? Qu'est-ce qu'il vous a dit, Petypon ?
MARIANEAU. — Mais rien, rien du tout, je vous assure !
BOURRASSOL. — Ces derniers temps j'étais fatigué, c'est vrai, je croyais que c'était à cause de… Mais il y a autre chose, hein ?
MARIANEAU. — Il n'y a rien !
BOURRASSOL. — C'est quoi ? Le poumon ? La prostate ? Ah non je sais… C'est le colon !
MARIANEAU. — Ni le colon, ni la prostate, ni…
BOURRASSOL. — Si, c'est le colon, je le sens ! J'adore le saucisson à l'ail…
MARIANEAU, *sortant*. — Écoutez, Bourrassol, vous n'avez rien, vous m'entendez, strictement rien !

Scène 9. Bourrassol, seul.

BOURRASSOL. — « Vous n'avez rien », tu parles ! Quitté par ma femme après une journée de mariage, maintenant malade… Qu'est-ce qu'il me reste ?… Finissons-en. *(Il fouille dans les tiroirs du bureau, il en sort un tube de cachets.)* C'est comme ça, la vie… Ça commence comme une comédie, on croit qu'on va bien s'amuser, qu'on va bien rire… ah ah ah, et ça finit par un massacre. Adieu, mesdames et messieurs, le clown vous tire sa révérence… Monde de merde. *(Il avale d'un trait tous les cachets.)* Et voilà ! Il n'y a plus qu'à attendre. Alors attendons, oui attendons, attendons que ça arrive, que ça arrive, oui, que ça arrive, mais qu'est-ce qui m'arrive, là ? qu'est-ce qui m'arrive ? Mais qu'est-ce qui ? Mais qu'est-ce que ? Quoi ? Hein ? Mais… mais… *(Lisant les inscriptions sur le tube.)* « *Maxi-Boost*, comprimés énergisants, prototype hors vente commerce, vitamine C, caféine, taurine. » Putain que ça donne la pêche, ce truc ! Wouah ! Je crois que je vais aller faire un petit footing !

Il sort vivement par une des portes tandis qu'entre Vanina par l'autre, un colis dans les bras.

Scène 10. Vanina, Finkelstein.

VANINA. — On vient d'apporter ce colis pour… Personne ? Voilà un excellent résumé de ma vie : je trime, je trime, je trime et les patrons, ils se la coulent douce ! *(Alors que Finkelstein passe la tête par la porte.)*
VANINA. — Madame ?
FINKELSTEIN. — Le docteur n'est pas là ?
VANINA. — Non madame.
FINKELSTEIN. — C'est embêtant ! Surtout que la patiente suivante est arrivée…
VANINA. — Repassez dans cinq minutes.

FINKELSTEIN. — Heureusement que c'est le meilleur psychiatre de toute la ville, sinon... *(Elle disparaît)*
VANINA, *seule*. — Dis plutôt que t'es raide dingue de lui ! *(Elle montre le colis.)* Parure de diamants livrée contre signature, achetée par madame ! Quand je pense que ça fait des mois que je leur demande une misérable augmentation. En attendant j'essuie refus sur refus. Il est bien vrai le proverbe : on ne prête qu'aux riches. Et encore, uniquement à ceux qui ont de l'argent ! Si je pouvais parler à madame, je crois qu'elle, au moins...

Scène 11. Vanina, Laurence.

LAURENCE, *entrant en trombe*. — Je viens d'appeler papa. Je peux te dire que dans quelques instants, tu vas... *(À Vanina :)* Monsieur n'est pas là ?
VANINA. — Non madame. On vient d'apporter ce colis pour vous.
LAURENCE, *prenant le colis*. — Ah merci ! Il faut bien que je me fasse des cadeaux de temps en temps. Ce n'est pas monsieur qui y penserait !
VANINA. — À propos, madame, je ne sais pas si monsieur vous a parlé de moi.
LAURENCE. — Non, à quel sujet ?
VANINA. — Au sujet de mon augmentation.
LAURENCE. — Votre augmentation ?

VANINA. — Celle que je demande.
LAURENCE. — Vanina, il y a dans votre service plusieurs choses qui clochent.
VANINA. — Lesquelles ?
LAURENCE. — D'abord, votre nom.
VANINA. — Mon nom ?
LAURENCE. — J'avais rêvé d'une bonne s'appelant *Marie* ou *Toinette*.
VANINA. — Appelez-moi *Marie*, appelez-moi *Toinette*, appelez-moi *Marie-Toinette*, je ne veux plus entendre parler de *Vanina*.
LAURENCE. — Merci de votre compréhension, Marie. En outre, il vous manque une chose essentielle, Toinette : des mains carrées.
VANINA. — Je vous demande pardon ?
LAURENCE. — Des mains carrées, Marie-Toinette.
VANINA, *essayant de rendre ses mains les plus carrées possible.* — Vous les voulez plutôt... comme ça ?
LAURENCE. — Pas mal, Toinette-Marie, pas mal.
VANINA. — Je vais de ce pas chercher une équerre, une règle, un critérium et du papier calque et je vous promets que j'aurais les mains plus carrées qu'un cours de géométrie.
LAURENCE. — Très bien, Toinette. Des mains carrées sont la garantie d'un rangement efficace.
VANINA. — Un rangement efficace.

LAURENCE. — Alors, dès que vous avez une seconde, Marie, vous rangez.
VANINA. — Ranger.
LAURENCE. — Avec vos mains carrées.
VANINA. — Avec mes mains carrées. *(Elle se dirige vers le bureau de Marianeau et se met à le ranger énergiquement avec ses nouvelles mains carrées.)*
LAURENCE. — Là vous commencez à ressembler à une bonne.
VANINA. — Et mon augmentation ?
LAURENCE. — Pas de précipitation, Mariette. Continuez ainsi durant une semaine et ensuite, nous verrons.
VANINA, *continuant à ranger.* — Bien madame.
LAURENCE. — Bien carrées, les mains, bien carrées.
VANINA, *même jeu.* — Bien carrées. Pour mon augmentation.
LAURENCE. — Mais vous savez Toinie, l'argent ne fait pas le bonheur. C'est à se demander pourquoi les riches en ont tant. *(Elle sort.)*

Scène 12. Vanina, Finkelstein, puis Marianeau, puis Samantha.

FINKELSTEIN, *passant la tête par la porte.* — Le docteur est là ?
VANINA. — Il ne va pas tarder, asseyez-vous.

FINKELSTEIN. — Je vous remercie. Vous êtes ?
VANINA, *sortant tout en dépoussiérant autour d'elle.* — Appelez-moi Toinette. Ou Marie. Ou Toinette-Marie. Ou Marie-Toinette. Ou Mariette. Ou Toinie. Au choix.
FINKELSTEIN, *seule.* — Sûrement une schizophrène.
MARIANEAU, *entrant et cherchant sa femme.* — Mais où est-elle passée ?
FINKELSTEIN. — Docteur !
MARIANEAU. — Vous êtes là, vous ? Qui vous a permis d'entrer ?
FINKELSTEIN. — Une certaine Marie, ou Toinette ou Mariette-Toinie, je n'ai pas très bien compris…
MARIANEAU, *soudain inquiet et appuyant sur le bouton du bureau.* — Vous faites une rechute ?
FINKELSTEIN. — Au contraire, docteur, au contraire… *(Elle commence à se dévêtir.)* Ce matin, en arrivant, je me disais que j'étais vraiment bien, chez vous.
MARIANEAU, *la regardant s'effeuiller, de plus en plus inquiet.* — Qu'est-ce que vous faites ?
FINKELSTEIN, *s'animant à mesure que ses vêtements tombent à terre.* — Peu à peu, j'ai compris. Compris que j'étais faite pour vous !
MARIANEAU, *à part.* — Ça y est. Elle me fait un transfert, elle aussi… Mme Finkelstein, ce

qui vous arrive est classique. Il va falloir vous raisonner.

FINKELSTEIN, *poursuivant son effeuillage.* — J'ai déjà raisonné, docteur ! Vous croyez à un coup de tête ? Vous vous trompez. Tout cela est mûrement réfléchi. Je vous vois chaque semaine depuis quatre ans. Je vous connais parfaitement, je sais par cœur votre façon de parler, de penser, vos manies… Et je ne parle pas de l'aide que vous m'avez apportée. Il y a quatre ans je n'étais qu'une citadelle imprenable protégeant un Moi momifié incapable de formuler ses désirs. *(Elle est maintenant en tenue légère.)* Mais aujourd'hui c'est une femme nouvelle qui vous parle. Et je ne crains plus de vous le dire : docteur, je vous veux !

MARIANEAU, *gagné par la panique mais tentant de ne rien laisser paraitre.* — Mme Finkelstein, cette réaction est tout à fait habituelle dans les relations entre un psychiatre et sa patiente. Nous allons travailler là-dessus et…

FINKELSTEIN, *suggestive, le prenant dans ses bras.* — Oh oui docteur ! Travaillons là-dessus, travaillons ensemble, mais travaillons dur !

MARIANEAU, *la faisant asseoir sur le divan.* — Mme Finkelstein, nous allons reprendre nos esprits et commencer par une séance d'associations libres…

FINKELSTEIN, *débridée, attirant Marianeau à côté d'elle et l'allongeant sur le divan.* — J'adore les associations libres ! À condition qu'elles soient libres, mais très libres, les associations…

MARIANEAU, *sous l'emprise de Finkelstein.* — Mme Finkelstein, je vais être contraint d'appeler…

SAMANTHA, *off, frappant à l'une des portes.* — Excusez-moi ?

Marianeau et Finkelstein s'immobilisent.

MARIANEAU. — On a frappé !

SAMANTHA, *même jeu.* — Excusez-moi ? Docteur ?

MARIANEAU, *d'une voix qu'il essaie de rendre normale* — Oui ?

SAMANTHA, *même jeu.* — Vous êtes là ?

MARIANEAU, *même jeu.* — Un instant…

SAMANTHA, *entrant.* — Oui, un instant !

MARIANEAU, *bondissant du divan et se plaçant dans le prolongement du paravent, pour que Samantha ne puisse pas voir Finkelstein étendue sur le sofa.* — Samantha !

SAMANTHA, *allant à lui.* — François !

MARIANEAU, *effondré mais essayant de le masquer.* — Samie !

SAMANTHA, *très gaie.* — Françouille !

MARIANEAU, *même jeu.* — Samouille ! *(Bas, à Finkelstein :)* Cachez-vous !

FINKELSTEIN. — Où ça ?
SAMANTHA. — Je n'ai pas pu résister…
MARIANEAU, *cherchant quoi dire mais ne trouvant pas*. — Samouille !
SAMANTHA. — Françouille !
MARIANEAU, *bas, à Finkelstein*. — La couverture !

Finkelstein, toujours sur le divan, tire la couverture sur elle et se cache du mieux qu'elle peut.

SAMANTHA. — En me réveillant, je me suis dit : je passe l'embrasser !
MARIANEAU, *faux jeton*. — Mais quelle bonne idée ! Je me disais justement : si seulement elle pouvait avoir envie de passer m'embrasser ! …
SAMANTHA. — Tu vois, toi et moi on est hyper connectés !
MARIANEAU, *totalement affolé et ne trouvant rien de mieux*. — Samouille !
SAMANTHA. — C'est tout ce que tu as à me dire ?
MARIANEAU, *après un temps où il cherche une amabilité*. — C'est vraiment sensas' que tu sois là, Sam… Mais c'est un peu risqué.
SAMANTHA. — Risqué ?
MARIANEAU. — Quelqu'un t'a vue ?
SAMANTHA. — Rassure-toi, je ne suis pas passée par la salle d'attente, je suis venue directement.

MARIANEAU. — Mais ma femme peut entrer à tout moment.
SAMANTHA. — Tu habites ici ?
MARIANEAU. — Eh oui !
SAMANTHA. — Excitant…
MARIANEAU. — Si tu veux, oui… Mais, tu n'as pas vu le panneau, dans le couloir ?
SAMANTHA. — À propos de l'interdiction d'entrer si la lumière rouge est allumée ?
MARIANEAU. — Oui.
SAMANTHA. — Je l'ai vu. Mais la lumière était éteinte, alors…
MARIANEAU. — Éteinte ?
SAMANTHA. — Éteinte.
MARIANEAU. — L'ampoule est grillée.
SAMANTHA. — Comme moi.
MARIANEAU. — Pardon ?
SAMANTHA. — Notre nuit m'a totalement grillée, carbonisée, atomisée !
MARIANEAU. — Ah ?
SAMANTHA. — Alors j'ai voulu être près de toi…
MARIANEAU. — Mais ma chérie, j'ai mon travail, j'ai mes patientes, je ne peux pas me permettre…
SAMANTHA, *le faisant asseoir avec elle sur le divan*. — Rien qu'un instant…
MARIANEAU, *la relevant*. — C'est impossible ! *(Bas, à Finkelstein :)* Barrez-vous !
FINKELSTEIN, *sous la couverture*. — Où ça ?

SAMANTHA. — Qu'est-ce que tu dis ?
MARIANEAU. — Je disais, c'est impossible !...
SAMANTHA, *le rasseyant avec elle sur le divan.* — S'il te plaît ! En plus, ça concerne ton travail !
MARIANEAU, *la relevant.* — Qu'est-ce que tu racontes ? *(Bas, à Finkestein :)* En dessous !
SAMANTHA. — Pardon ?
MARIANEAU, *alors que Finkelstein, toujours cachée par la couverture, passe en dessous du divan.* — Je disais : tu m'étonnes, Sam, tu m'étonnes, tu m'étonnes, tu m'étonnes…
SAMANTHA, *le faisant rasseoir avec elle sur le divan maintenant libéré.* — Je t'assure, je ne dis pas ça pour trouver un prétexte.
FINKELSTEIN, *sous le divan.* — Mais c'est plein de poussière !
SAMANTHA. — Pourquoi tu parles de poussière ?
MARIANEAU, *pris de court.* — Pourquoi je parle de ? … Mais parce que… Mais parce que… j'avais donné des ordres clairs à la bonne et… *(Désignant la pièce.)* Regarde-moi ce travail !
SAMANTHA. — Ça va s'arranger.
MARIANEAU, *jouant le patron sévère.* — Il y a intérêt !
FINKELSTEIN, *sous le divan.* — Atchoum !
SAMANTHA. — À tes souhaits.
FINKELSTEIN. — Merci.

SAMANTHA. — Je t'en prie. *(Sortant un mouchoir.)* Tiens.
MARIANEAU. — Ça va aller.
SAMANTHA. — Comme tu veux. *(En voulant ranger son mouchoir, elle le fait tomber devant le divan.)* Zut ! Où est-ce que je l'ai fait tomber… C'est sous le divan ! *(Elle se baisse et de sa main, fouille en dessous du divan.)*
FINKELSTEIN, *à part*. — Oh non !
MARIANEAU, *arrêtant le mouvement de Samantha*. — C'est pas grave ! C'est pas grave !
SAMANTHA. — Mais il est là !...
MARIANEAU, *l'ayant relevée et la voyant se baisser à nouveau*. — Mais on s'en moque ! C'est juste un mouchoir ! On le ramassera plus tard.
SAMANTHA. — Comme tu veux.
FINKELSTEIN, *ironique*. — Dommage, ça m'aurait fait de la compagnie !
MARIANEAU, *ayant peine à cacher sa nervosité*. — Bon alors, qu'est-ce qui t'amène ?
SAMANTHA. — Tu n'as pas l'air très content de me voir.
MARIANEAU, *se contenant*. — Moi pas content de te voir ? Eh ben alors ! Eh ben alors ! Ah ! Alors là… *(Cherchant quoi dire.)* C'est vraiment sensas' que tu sois là, Sam… Mais je suis pressé. Alors dis-moi pour quoi tu es venue.

SAMANTHA. — Pour une consultation.
MARIANEAU. — Une consultation ?
FINKELSTEIN, *à part.* — Mais je vais rester là combien de temps, moi ?
MARIANEAU. — D'accord, mais rapide ! *(Se levant.)* Je vais me laver les mains. Viens avec moi…
SAMANTHA. — Pourquoi ?
MARIANEAU. — On sera si bien dans la salle d'eau…
SAMANTHA. — Non, je t'attends ici.
MARIANEAU, *revenant s'asseoir à contre coeur.* — C'est dommage, vraiment dommage, une si belle salle d'eau, crois-moi, elle vaut le détour cette salle d'eau, quand je pense que je la fais visiter le dimanche… Je connais des patientes qui prennent rendez-vous avec moi uniquement pour voir cette salle d'eau !
SAMANTHA. — Comme qui ? Finkelstein ?
FINKELSTEIN. — Elle me connaît ?
MARIANEAU, *se décomposant.* — Qui ?
SAMANTHA. — Finkelstein. C'est bien son nom ? Celle que tu m'as montrée la dernière fois, quand je suis venue t'attendre au coin ?
MARIANEAU. — Euh oui…
SAMANTHA. — Tu as l'air gêné. Il y a quelque chose entre vous ?
MARIANEAU. — Quelque chose entre moi et ? … Ah ! Laisse-moi rire ! Excuse-moi, mais c'est pas le même standing !

FINKELSTEIN, *sortant la tête d'un côté du divan et donnant des coups sur le matelas.* — Non mais oh ! Là-haut !
SAMANTHA. — Bien entendu ! De toute façon, c'est pas une fille pour toi. C'est vrai qu'elle a un joli visage…
MARIANEAU, *trop heureux du compliment, tapotant le divan de la main droite pour attirer l'attention de Finkelstein.* — Mais c'est vrai, ça ! Elle a un joli visage !
FINKELSTEIN, *lui prenant le poignet et le secouant à le faire presque tomber du divan.* — Merci du compliment !
MARIANEAU, *perdant l'équilibre.* — Aaaah !
SAMANTHA, *le rattrapant par le mollet.* — Qu'est-ce que tu as ?
MARIANEAU, *se remettant droit.* — C'est rien, c'est le matelas qui rissole ! C'est le problème, matelas bio à base d'huile végétale de soja, dès qu'il fait un peu chaud… ça rissole…
SAMANTHA, *haussant les épaules, se relevant.* — Qu'est-ce que tu racontes ?

Pendant ce temps, Marianeau en profite pour envoyer un coup à Finkelstein, qui est alors à quatre pattes prête à rentrer sous le divan.

FINKELSTEIN, *que le choc aplatit à terre.* — Oh !
SAMANTHA, *se retournant au cri de Finkelstein.* — Quoi ?

MARIANEAU, *ayant repris sa pose initiale, le plus calmement du monde.* — Rien ! J'ai fait oh.
SAMANTHA. — Dis donc, cette Finkelstein, qu'est-ce que tu m'as dit déjà, une frustrée, c'est ça ?
FINKELSTEIN, *à part.* — Bravo le secret professionnel !
SAMANTHA. — C'est pas d'une psychanalyse dont elle a besoin, c'est d'un amant !
FINKELSTEIN, *à part.* — Nous sommes d'accord !
SAMANTHA. — Mais c'est pas demain la veille qu'elle va en trouver un !
FINKELSTEIN, *à part.* — Je dois vraiment rester là à entendre ça ?

À partir de ce moment, Finkelstein, tout doucement, tire la couverture à elle, en dessous du divan.

MARIANEAU, *alors que Samantha manipule le variateur pour produire une ambiance plus sombre.* — Qu'est-ce que tu fais ?
SAMANTHA. — J'ai besoin d'obscurité. Vois-tu chéri, j'ai passé une nuit extraordinaire.
MARIANEAU, *attendri.* — Samouille !
SAMANTHA. — Si tu veux. Mais c'est quand je suis rentrée que ça s'est gâté. Mon mari ronflait à poings fermés, évidemment. Et moi, dès que j'ai sombré dans le sommeil, j'ai fait cauchemars sur cauchemars. *(Voyant que la*

couverture disparaît sous le divan.) Tiens, la couverture est tombée.

MARIANEAU. — C'est pas grave...

SAMANTHA. — Bref... je voulais t'en parler à toi parce que tu es spécialiste de l'interprétation des rêves mais... toute la nuit j'ai rêvé que mon mari me poursuivait. À chaque fois que j'ouvrais une porte, il était là et pendant ce temps, les objets autour de moi s'animaient, bougeaient, dansaient et moi eh bien... j'étais pétrifiée, chosifiée ! *(Apercevant soudain la couverture sous laquelle se trouve Finkelstein qui, par petits bons, se dirige vers une des portes donnant sur le couloir et poussant un cri strident et long.)* Aaaaah !

MARIANEAU. — Qu'est-ce qui se passe ?

SAMANTHA. — Là ! ... là ! ... Ta couverture qui marche !

MARIANEAU, *à part*. — Mais c'est Finkelstein ! Qu'est-ce qu'elle fabrique, elle est malade ! *(Haut, jouant l'innocent :)* Où ça ? Je ne vois rien...

SAMANTHA. — C'est mon cauchemar qui revient ! Dis-moi, François, dis-moi la vérité, tu crois que je suis en train de devenir folle ?

MARIANEAU. — Mais non, c'est normal ça, c'est très normal... c'est une couverture en sphaigne expansée ! C'est vivant, ces petites bêtes là. Et la sphaigne, au printemps, eh ben faut qu'elle s'aère !

SAMANTHA, *alors que la couverture a bondi, ouvert une porte et disparu.* — Elle est partie !
MARIANEAU. — Tu vois ! Elle va rejoindre les autres couvertures en sphaigne expansée et puis elles iront ensemble dans la montagne bramer toute la nuit. C'est beau, le brame de la sphaigne expansée.
SAMANTHA, *se déshabillant.* — Oh Françouille, mon petit Françouille…
MARIANEAU. — Qu'est-ce que tu fais ?
SAMANTHA, *même jeu.* — Je me mets à l'aise.
MARIANEAU. — Mais enfin, ça ne va pas ?
SAMANTHA, *même jeu.* — C'est la retombée du stress… J'ai envie de toi !
MARIANEAU. — Mais pas ici !
SAMANTHA, *même jeu.* — Tu n'as qu'à mettre la petite lumière rouge.
MARIANEAU. — Manifestement, elle n'est pas en état de marche.
SAMANTHA, *en tenue légère.* — Par contre, moi, je suis en état de marche !

Scène 13. Marianeau, Samantha, Vanina, puis Bright, *off*.

VANINA, *ouvrant une des portes, poussant une table à roulettes.* — Le petit-déjeuner de monsieur !
MARIANEAU ET SAMANTHA. — Ah !
VANINA, *rallumant brusquement la lumière.* — On n'y voit rien !

MARIANEAU ET SAMANTHA, *plus long et strident.* — Ah !

MARIANEAU, *alors que Samantha s'enfuit dans la salle d'eau.* — Mais enfin, Vanina !

VANINA. — Appelez-moi *Marie*, monsieur.

MARIANEAU. — Marie ?

VANINA. — Ou *Toinette*.

MARIANEAU. — Toinette ?

VANINA. — Ou toute autre combinaison de ces mots ou de ces syllabes.

MARIANEAU. — Qu'est-ce que vous racontez ?

VANINA. — Ordre de madame.

MARIANEAU. — Madame veut que vous vous appeliez *Marie* ?

VANINA. — Ou Toinette.

MARIANEAU, *sortant.* — Ou toute autre combinaison de… oui, j'ai compris ! Je reviens ! Une petite affaire à régler…

VANINA, *seule et voyant les vêtements de Finkelstein et Samantha.* — Mais qu'est-ce que c'est que tout ça ? Ah, la perfide, elle me teste ! Elle veut voir si je suis à la hauteur. *(Tout en ramassant les affaires de ces dames:)* Désolée Mme Marianeau, vous ne m'aurez pas ! Mais moi, je l'aurai, mon augmentation !

Elle sort.

SAMANTHA, *ouvrant doucement la porte.* — François ? Personne ? Où sont mes vêtements ?

On entend soudain Bright, off, disant « Je ne veux pas le savoir ».

SAMANTHA, *apercevant Bright, qui entre.* — Mon mari !

Elle referme brusquement la porte de la salle d'eau alors qu'entrent Berthier et Alicia.

Scène 14. Berthier, Alicia et Bright.

BRIGHT. — Mais enfin, c'est incroyable !
BERTHIER, *regardant partout.* — Je vous l'avais dit, le docteur n'est pas disponible !
BRIGHT. — Nous avions rendez-vous il y a déjà trois quarts d'heure !
BERTHIER. — Nous ?
BRIGHT, *désignant Alicia.* — Enfin, madame ! Que j'accompagne.
BERTHIER. — Monsieur est certainement le mari de madame ?
BRIGHT, *gêné.* — Le ? Euh, oui… on peut dire ça comme ça…
ALICIA, *bas, à Bright.* — Chéri, je t'en prie, pas de scandale…
BRIGHT, *ne décolérant pas.* — Enfin tout de même ! Dix mois d'attente pour avoir un premier rendez-vous, et voilà que maintenant, il faut attendre une heure de plus ? Il a de la chance d'être le psychiatre le plus renommé de toute la ville, ce docteur Marianeau !

BERTHIER. — Je suis navrée, vraiment navrée, mais le docteur a eu une matinée un peu bousculée…
BRIGHT. — Ça ne m'intéresse pas ! Allez le chercher !
BERTHIER. — Oui, monsieur !

Berthier sort.

Scène 15. Alicia, Bright.

ALICIA. — Chéri, partons d'ici !
BRIGHT. — Ah non, Lili ! J'ai eu assez de mal à obtenir un rendez-vous…
ALICIA. — Tu en reprendras un autre…
BRIGHT. — Ça a déjà été très compliqué de te faire admettre que tu étais cleptomane, on ne va pas encore remettre…
ALICIA, *minimisant*. — Cleptomane, cleptomane…
BRIGHT. — Quoi, tu n'es pas cleptomane ?
ALICIA. — Je vais mieux tu sais, beaucoup mieux.
BRIGHT. — Tu vas mieux ?
ALICIA. — On peut même dire que je suis guérie ! Ça fait des mois que je n'ai plus…
BRIGHT, *n'en croyant rien*. — Guérie ? Toi, guérie ?
ALICIA. — Je sais que c'est surprenant, mais…
BRIGHT. — Rends-moi mon portefeuille.
ALICIA. — Ton quoi ?
BRIGHT. — Fais pas l'innocente…

ALICIA, *gênée, sortant un portefeuille et le donnant à Bright.* — Excuse-moi, chéri ! C'est plus fort que moi !
BRIGHT, *la consolant.* — T'inquiète pas, chérie, tu me fais les poches quand tu veux…
ALICIA, *sortant, entrainée par Bright, alors qu'entrent par une autre porte Laurence et Montagnac.* — Elle ne se rend pas compte de la chance qu'elle a, ta femme.
BRIGHT. — Je ne te le fais pas dire !

Scène 16. Laurence, Montagnac.

LAURENCE. — On va bien voir ce qu'il va répondre ! Où est-il passé ?
MONTAGNAC. — Tu es dans un état… Que se passe-t-il ?
LAURENCE. — C'est François.
MONTAGNAC. — Quoi, François ?
LAURENCE. — Je sais pas comment te dire ça, papa…
MONTAGNAC. — Arrête de tourner autour du pot.
LAURENCE. — Il me trompe.
MONTAGNAC. — Non, tu te trompes…
LAURENCE. — Je te dis qu'il me trompe.
MONTAGNAC. — Tu es certaine que tu ne te trompes pas ?
LAURENCE. — Certaine, il me trompe !
MONTAGNAC. — Il sait ?
LAURENCE. — Quoi ?

Montagnac. — Il sait que tu sais ?
Laurence. — Non. Il ne sait pas. Mais s'il sait que tu sais, ce sera autre chose.
Montagnac. — Non, ce sera la même chose, car s'il sait que je sais alors il sait que tu sais et il sait que je sais que tu sais ! Sinon, comment aurais-je su, si toi tu ne savais pas ?
Laurence. — Si tu veux papa, si tu veux… Je ne te demande qu'une chose : ne lui prête pas l'argent qu'il te demande.
Montagnac. — Mais Laurence, si je ne lui prête pas cet argent, François sera en très grande difficulté…
Laurence. — Tant mieux !
Montagnac. — Mais tu en pâtiras !
Laurence. — Je m'en fous !
Montagnac. — Je te le redis : tu en pâtiras !
Laurence. — Eh bien je pâtirai euh… je partirai ! Terminé, Marianeau !
Montagnac. — Très bien, alors il est où, ton mari ?
Laurence, *amorçant une sortie*. — On va finir par le trouver !

Ils sortent par une porte alors que Marianeau rentre par une autre.

Scène 17. Marianeau, Samantha, puis Montagnac.

Marianeau. — Elle a fait venir son père ! Mais qu'est-ce qui lui prend ? …

SAMANTHA, *off, derrière la porte de la salle d'eau.* — François ?

MARIANEAU, *prenant peur.* — Ah ! *(Se remettant, bas :)* Je l'avais oubliée, celle-là... *(Haut :)* Oui, Samie...

SAMANTHA, *sortant de la salle d'eau, en tenue légère.* — Oh Fanfan, j'ai eu si peur, cette couverture vivante...

MARIANEAU. — Ne t'inquiète pas, c'est fini...

SAMANTHA. — Où étais-tu ?

MARIANEAU. — Eh bien j'étais justement en train de chercher Finkelst... euh... la couverture !

SAMANTHA. — La couverture ?

MARIANEAU. — Eh oui. C'est ma conception de la vie, un point c'est tout. Un peu vieille France peut-être, mais que veux-tu, on ne se refait pas ! Un homme digne de ce nom ne recule jamais, pas même devant une couverture !

SAMANTHA, *se pendant à son cou.* — Quel courage, Fanfan ! Dis donc, tu sais qui j'ai vu ? Mon mari !

MARIANEAU. — Ton mari ? Qu'est-ce qu'il fait là ? Il sait pour nous deux ?

SAMANTHA, *embrassant Marianeau.* — Penses-tu !

MARIANEAU, *essayant de prendre du champ.* — Alors il a peut-être pris rendez-vous ! Ce

serait un comble… Vous portez le même nom ? Bright ?
SAMANTHA, *même jeu que précédemment.* — Évidemment puisqu'on est mariés !
MARIANEAU, *tentant de s'échapper.* — Eh bien il ne me reste plus qu'à demander à Berthier si un M. Bright est arrivé…
SAMANTHA, *même jeu que précédemment.* — Laisse M. Bright tranquille et occupe-toi de Mme Bright !
MARIANEAU, *essayant de défaire l'étreinte de Samantha.* — Non, écoute, Sam, c'est vraiment pas le moment, on peut entrer à tout instant ! Surtout si ton mari…
SAMANTHA, *tenant Marianeau fermement.* — Justement !
MARIANEAU, *même jeu.* — Justement quoi ?
SAMANTHA, *même jeu.* — Ça donne un peu de piquant à la situation ! …
MARIANEAU, *même jeu.* — Vraiment, je t'assure, la situation est assez piquante comme ça…
SAMANTHA, *essayant de l'embrasser.* — Mon chéri, voyons, détends-toi ! …
MARIANEAU, *même jeu.* — Mais non… Mais non…

Montagnac ouvre une porte et contemple la scène avec effarement.

SAMANTHA, *même jeu.* — Mais si ! Mais si ! Mais si !

Soudain, Marianeau et Samantha s'aperçoivent de la présence de Montagnac.

SAMANTHA ET MARIANEAU, *un cri strident.* — Ah ! *(Samantha essaie de se cacher derrière Marianeau.)*
MARIANEAU, *voulant être aimable mais ne faisant que chevroter.* — Michel ! …
MONTAGNAC, *furieux de ce qu'il vient de voir.* — François ! …
MARIANEAU, *même jeu.* — Michel ! …
MONTAGNAC, *même jeu.* — C'est tout ce que tu as à dire ?
MARIANEAU, *cherchant quoi répondre.* — C'est vraiment sensas' que tu sois là, Michel…
MONTAGNAC, *même jeu.* — Je vois que tu ne t'embêtes pas !
MARIANEAU, *faisant semblant d'être choqué.* — Quoi ? Ah mais… Mais qu'est-ce que tu vas encore t'imaginer ?
MONTAGNAC. — Ah non, pas de ça avec moi !
MARIANEAU, *avec aplomb.* — Eh bien quoi ? Je suis avec madame, une patiente ! *(Avec un air entendu, à Samantha :)* Allons madame, confirmez à monsieur que vous êtes ma patiente.
MONTAGNAC. — Hein ? Dans cette tenue ?
MARIANEAU. — Oui, et alors ?
MONTAGNAC. — Tu es psychiatre que je sache, pas gynéco !
MARIANEAU. — Je ne vois pas le rapport…

MONTAGNAC. — Tu ne vas pas me dire que le traitement de madame impose qu'elle se déshabille ?

MARIANEAU. — Mais enfin, tais-toi ! *(Bas, à Montagnac :)* Tu ne vois pas que tu la gênes ?

MONTAGNAC. — Tu veux peut-être que je m'excuse ?

MARIANEAU, *bas*. — Ce serait peut-être une bonne idée.

MONTAGNAC. — Et puis quoi, encore ?

MARIANEAU, *bas*. — Enfin, tu n'as pas compris ? Je romps le secret médical, mais c'est à contrecœur… Tu n'as pas compris que cette fille est une pauvre névrosée.

MONTAGNAC, *bas*. — Pour te dire la vérité, je l'ai vu au premier coup d'œil !

MARIANEAU, *bas*. — Il s'agit d'une psychopathe notoire.

MONTAGNAC, *bas, effrayé*. — Mais qu'est-ce qu'elle a ?

MARIANEAU, *bas*. — Enduophobie.

MONTAGNAC, *bas*. — Qu'est-ce que c'est ?

MARIANEAU, *bas*. — Peur maladive des vêtements !

MONTAGNAC, *bas*. — Non !

MARIANEAU, *bas*. — Si !

MONTAGNAC, *bas*. — Quelle horreur !

MARIANEAU, *bas*. — Elle ne supporte pas d'être habillée plus de quelques heures. Après, c'est trop dur pour elle, elle enlève tout !

MONTAGNAC, *bas*. — Tout ?
MARIANEAU, *bas*. — Tout !
MONTAGNAC, *bas*. — Mais tout… tout, tout ?
MARIANEAU, *bas*. — Tout tout !
MONTAGNAC, *bas*. — Non !
MARIANEAU, *bas*. — Si !
MONTAGNAC, *bas, intéressé cependant.* — Quelle horreur !…
MARIANEAU, *bas*. — Justement, quand tu arrivais, j'essayai de la raisonner…
MONTAGNAC, *bas*. — Oh ! Et moi qui suis entré comme ça ! Mais la petite lumière était éteinte, alors j'ai cru…
MARIANEAU, *à part*. — Cette ampoule grillée va m'emmerder jusqu'à la fin de la journée…
MONTAGNAC. — Toutes mes excuses, madame ! Veuillez pardonner cette intrusion. Et comptez sur ma discrétion !
SAMANTHA, *tentant tant bien que mal de cacher sa demi nudité.* — Merci, monsieur, vous êtes bien aimable.
MARIANEAU, *raccompagnant Montagnac.* — Au fait, Michel, je peux toujours compter sur toi pour le prêt ?
MONTAGNAC. — Bien sûr ! Mais il faut que tu parles à Laurence, elle s'imagine que…
MARIANEAU. — Oui, je sais, c'est un malentendu !
MONTAGNAC, *retournant sa veste.* — C'est ce que je me tue à lui dire ! *(Coup d'œil à*

Samantha :) Au revoir, cher madame ! Enchanté, positivement !

Montagnac sort.

SAMANTHA. — Tu lui as dit quoi ?
MARIANEAU. — Aucune importance ! Rhabille-toi, vite.
SAMANTHA. — Où sont mes vêtements ?
MARIANEAU. — Je ne sais pas…
SAMANTHA. — Je les avais mis là !
MARIANEAU. — Ils n'y sont plus ?
SAMANTHA. — Mais qu'est-ce que je vais faire ?
MONTAGNAC, *off.* — Calme-toi !
MARIANEAU. — C'est Michel !
LAURENCE, *off.* — Il t'a retourné comme une crêpe !
MARIANEAU. — C'est ma femme !

Il entraîne Samantha dans la salle d'eau.

Scène 18. Laurence, Montagnac, puis Alex, puis Yvonne.

MONTAGNAC, *entrant.* — Il est avec une patiente ! Où sont-ils passés ?
LAURENCE, *entrant.* — Une patiente, et tu as gobé ça ? Mais où a-t-il encore disparu ?
MONTAGNAC. — C'est curieux, effectivement !

Laurence. — Avec toi, il a pu noyer le poisson, mais avec maman, ça va être une autre limonade !
Montagnac, *soudain inquiet*. — Ta mère vient ?
Laurence. — Évidemment ! Comme j'ai d'abord eu ta messagerie, je l'ai appelée tout de suite après.
Montagnac. — Ah ! … Bon, eh bien, je vais y aller …
Laurence. — Comment ça, tu vas y aller ? On s'est pas encore expliqués, avec François !
Montagnac. — Oui, mais là, il faut vraiment que j'y aille…
Laurence. — Tu veux pas la voir ? Qu'est-ce qui passe ? Vous vous êtes encore disputés ?
Montagnac. — Pas du tout ! Qu'est-ce que tu vas… D'ailleurs passez dîner à la maison un de ces soirs avec François, ça nous fera plaisir…
Laurence. — Qu'est-ce que tu racontes, je vais divorcer !
Montagnac. — Tu sais, on accuse parfois sans preuves, alors…

Entre Alex.

Alex. — Ah tu es là, canard ! *(Elle vient à Montagnac et le prend par la taille.)* On y va ou quoi ?
Montagnac, *gêné, riant, se dégageant*. — Ha ! Ha ! Ha ! Alors là, vous y allez fort, mademoiselle !

ALEX, *ne comprenant pas.* — « Mademoiselle » ? Tu m'appelais comme ça quand tu m'as abordée dans ce petit café, mais maintenant, on n'en est plus là et…

MONTAGNAC, *riant bruyamment.* — Qu'elle est facétieuse ! Elle est pleine d'humour, en fait… *(À Alex, lourd de sous-entendus :)* Permettez-moi de vous présenter ma fille. Laurence. Ma fille. Laurence, qui est ma fille.

LAURENCE, *soupçonneuse.* — Oui, on a compris, je suis ta fille.

ALEX, *sidérée.* — C'est ta f… C'est votre fille ?

MONTAGNAC. — Exactement ! *(Bas, à Alex :)* Je t'avais dit de m'attendre dans la voiture ! *(Haut :)* Bien, maintenant que les présentations sont faites, nous nous éclipsons ! *(Il se dirige vers la sortie en emportant Alex.)*

LAURENCE, *arrêtant Montagnac et Alex dans leur mouvement.* — Excuse-moi, papa, mais tu n'as pas fini !

MONTAGNAC, *se figeant.* — Pas fini quoi ?

LAURENCE. — Les présentations !

MONTAGNAC, *faisant semblant de ne pas comprendre.* — Comment ça ?

LAURENCE. — Tu m'as présentée, mais tu n'as pas présenté madame. *(Regardant Alex de pied en cap.)* Enfin, mademoiselle…

MONTAGNAC, *faisant l'innocent.* — Ah je n'ai pas ? Où avais-je la tête !

YVONNE, *entrant avec une étole, embrassant Laurence.* — Bonjour ma chérie ! Quel salaud, ton mari, il va m'entendre ! *(Voyant Montagnac:)* Ah tu es là, toi ? Je te croyais en réunion à la fac ?
MONTAGNAC, *s'épongeant le front.* — Eh ben... euh... oui !... oui, oui ! Mais quand Laurence m'a appelé, tout de suite, j'ai...
YVONNE, *ne l'écoutant pas.* — Ce salopard de Marianeau va passer un sale quart d'heure ! N'est-ce pas, Michel ?
MONTAGNAC, *très gêné.* — Euh oui, oui oui...
YVONNE. — On ne plaisante pas avec le mariage ! C'est sérieux, un mariage. Moi, les types qui jouent les donjuans attardés, ça me révulse ! N'est-ce pas, Michel ?
MONTAGNAC, *faisant semblant d'approuver.* — Oh lala, moi aussi, ça me, ça me...
YVONNE. — J'ai toujours su que François aimait la gaudriole. Je les repère à cent mètres, moi, les types comme ça. N'est-ce pas, Michel ?
MONTAGNAC, *même jeu.* — Ça, c'est vrai que tu as le don pour les...
YVONNE. — On ne me la fait pas, à moi ! *(Voyant Alex, la saluant :)* Madame. *(La regardant de pied en cap, se ravisant :)* Mademoiselle. *(À Montagnac :)* Au fait, j'ai reconnu l'Aston Martin devant le cabinet, *(Montrant l'étole.)* mais – c'est pas très prudent

de la garer décapotée ! – j'ai trouvé ça sur le siège passager, alors je me suis demandée à qui c'était.
ALEX, *prenant l'étole.* — C'est à moi, merci.
(Yvonne et Laurence se mettent à regarder Alex de travers.)
YVONNE, *soupçonneuse, à Montagnac.* — Tu conduisais Mademoiselle ?
MONTAGNAC, *au bord du gouffre.* — Euh oui, oui-oui…
ALEX, *elle aussi très gênée.* — Oui, Michel… euh… M. Montagnac a eu la gentillesse…
YVONNE, *de plus en plus piquée.* — Vous connaissez mon mari ?
MONTAGNAC, *marchant sur des œufs.* — Oui, enfin, de loin, de très loin…
YVONNE, *ses yeux sont des poignards.* — D'où vous connaissez-vous ?
MONTAGNAC. — D'où on se connaît ?
YVONNE, *se contenant.* — C'est la question, oui !
MONTAGNAC, *pataugeant, à Alex.* — Eh bien dis-lui, toi, euh… dites-lui, mademoiselle !
ALEX, *malgré elle.* — Webflirt !
MONTAGNAC. — Non !
YVONNE, *explosant.* — Webflirt !
MONTAGNAC, *bas, à Alex.* — Mais pourquoi tu lui as dit ?
LAURENCE, *explosant à son tour.* — Webflirt !

ALEX, *bas, à Montagnac.* — C'est toi qui m'as dit de lui dire !
YVONNE, *n'en revenant pas.* — Webflirt !
MONTAGNAC, *bas, à Alex.* — Je pensais pas que t'allais lui dire !
LAURENCE, *n'en revenant pas, elle non plus.* — Webflirt !
ALEX, *bas, à Montagnac.* — Qu'est-ce qu'il fallait lui dire ?
YVONNE, *hurlant.* — Webflirt !
MONTAGNAC, *bas, à Alex.* — Fallait mentir !
YVONNE, *à Michel, inquisitrice.* — Webflirt ?
MONTAGNAC, *tentant de gagner du temps.* — Mais Yvonne, mais qu'est-ce que tu vas encore te monter comme bateau ? Oh lala, Yvonne ! *(Inventant au fur et à mesure :)* Mademoiselle est venue une fois, une malheureuse fois, à la fin d'un de mes cours, un de mes cours d'Histoire littéraire, un de mes cours sur le vaudeville, et elle a tracé un parallèle, un parallèle, oui, un parallèle tout à fait pertinent quoiqu'audacieux entre l'esprit vaudevillesque et... l'esprit vaudevillesque et... et l'utilisation contemporaine de *Webflirt*. Et voilà, c'est pas plus méchant que ça !...
YVONNE, *incrédule.* — Mademoiselle est ton étudiante ?
MONTAGNAC. — Mademoiselle n'est pas mon étudiante, mademoiselle est une étudiante de la

fac, une étudiante comme j'en vois à la pelle, tu sais...
YVONNE, *n'en croyant pas un mot.* — Une étudiante de Lettres ?
MONTAGNAC. — Évidemment ! Je fais partie du département des Lettres ! Je ne fais pas cours aux étudiants en plasturgie. Enfin pas encore...
YVONNE, *à Alex.* — Et quels sont vos projets ?
ALEX, *décontenancée.* — Mes projets ?
YVONNE, *à Alex.* — Oui, vos projets d'avenir ?
MONTAGNAC, *excédé.* — Mais tu la saoules, Yvonne, tu la saoules... demander à cette pauvre gosse ses projets...
YVONNE, *sentant la faille.* — Quoi, elle n'a pas de projets ?
MONTAGNAC, *moulinant dans la semoule.* — Qu'est-ce que tu veux qu'elle te dise, hein ? Ses projets, mais ses projets, ses projets, c'est de devenir prof, comme tout le monde ! Oh ! N'est-ce pas, mademoiselle ?
ALEX, *mal assurée.* — Euh... oui, oui... l'enseignement est pour moi une véritable vocation et déjà toute petite je...
YVONNE, *tendant un piège.* — Et qu'est-ce que vous lisez ?
ALEX, *prise de court.* — Pardon ?
YVONNE. — Vous êtes étudiante en Lettres, vous devez bien lire quelque chose en ce moment ?

MONTAGNAC. — Mais bien sûr qu'elle lit quelque chose, évidemment, qu'elle lit quelque chose en ce moment ! *(À Alex :)* Eh bien dites-lui, mademoiselle !

ALEX, *essayant de mentir du mieux qu'elle peut.* — Oui, oui, oui… c'est que… je lis tellement de choses en ce moment…

MONTAGNAC, *tentant de l'aider.* — Certes mais vous m'avez dit qu'il y avait quand même un titre qui surnageait…

YVONNE, *comme au spectacle.* — Ça pour nager, ça nage…

ALEX, *perdant pied.* — C'est vrai qu'il y a un titre qui surnage et c'est… c'est…

MONTAGNAC. — C'est ? …

YVONNE. — C'est ? …

ALEX, *disant la première chose qui lui passe par la tête.* — « Le Corbeau et le Renard ! »

YVONNE. — Tiens ? La Fontaine !

MONTAGNAC, *content.* — La Fontaine ! Quel grand auteur !

YVONNE. — J'adore La Fontaine !

MONTAGNAC. — Moi aussi !

ALEX. — Moi aussi !

YVONNE. — « Le Corbeau et le Renard », c'est une des plus connues, mais pas forcément ma préférée…

MONTAGNAC. — Ah ! « Le Rat des villes et le Rat des champs », c'est superbe !

ALEX, *ne sachant que dire.* — Euh… « La Cigale et la Fourmi » !

YVONNE, *avec intention.* — « Le Vieux Chat et la Jeune souris » !

MONTAGNAC. — « Le Chat, la Belette et le Petit Lapin » !

LAURENCE. — « Le Lion devenu vieux » !

ALEX, *au hasard.* — … « Le Vieux Porc et le Petit Cochon » !

Sidération des autres.

LAURENCE. — « Le Vieux Porc et le Petit Cochon » …

YVONNE, *dubitative.* — « Le Vieux Porc et le Petit Cochon » ? Vous êtes sûre que c'est de La Fontaine ?

MONTAGNAC, *à Alex, au supplice.* — De La Fontaine ? Vous êtes sûre ?

ALEX, *essayant de s'en sortir.* — C'est une fable très… très confidentielle…

YVONNE. — Effectivement ! Elle ne figure pas dans l'édition qu'on a à la maison. *(À Montagnac :)* Hein, chéri ?

MONTAGNAC. — Ah bon ?

YVONNE. — J'en suis certaine !

ALEX, *patinant.* — C'est normal, c'est normal, parce que… parce que… parce qu'on vient de la retrouver dans un grenier !

MONTAGNAC. — Ah oui ! ça me revient… La revue de théorie littéraire en a parlé… C'est une fable apocryphe…

LAURENCE. — Tiens ? Mais de quoi est-il question dans « Le Vieux Porc et le Petit Cochon » ?

ALEX, *ayant très chaud*. — Eh bien de… de… de Vieux Porc et de Petit Cochon !

YVONNE. — Ça, on avait deviné, mais ça raconte quoi ?

ALEX, *inventant au fur et à mesure*. — Eh bien… C'est un vieux porc… que ses maîtres ont engraissé depuis des années… qui rencontre un petit cochon… dans la cour de la ferme… en train de se rouler dans la boue…

YVONNE. — Pas très poétique…

MONTAGNAC. — C'est plus joli en alexandrins…

ALEX. — Là… je résume…

MONTAGNAC, *voulant en finir*. — C'est ça, résumez !

LAURENCE. — Et qu'est-ce qu'ils se disent, ce vieux porc et ce petit cochon ?

ALEX. — Eh bien ! … le vieux lance au petit : « profite, mon jeune ami… profite de la boue… car… *(Elle a de la peine à trouver une chute.)* car… un jour on est dans la boue… et le lendemain on est en ragoût ! »

Ni Yvonne ni Laurence ne sont convaincues.

LAURENCE. — C'est pas ce qu'il a fait de mieux, le père La Fontaine.

YVONNE, *s'amusant presque de tous ces mensonges*. — En tout cas il est rare de

rencontrer une aussi jeune lectrice de La Fontaine ! En quelle année êtes-vous ?
ALEX, *bredouillant*. — Euh... en première année. *(Rectifiant face aux gestes de Montagnac.)* En deuxième ! Troisième ! Quatrième ! Cinquième ! En cinquième année...
YVONNE. — Eh bien dites-moi, c'est un cursus accéléré ! En cinquième année ? Mais alors quel est votre sujet de mémoire ?
MONTAGNAC, *hors de lui*. — Mais de quoi je me mêle, hein ? De quoi je me mêle ? Tu seras bien avancée quand tu connaîtras son sujet de mémoire ! Tu n'y connais rien !
YVONNE. — Dis tout de suite que je ne sais pas lire !
MONTAGNAC, *à bout*. — Mademoiselle travaille sur le vaudeville, si tu veux le savoir, Feydeau, Poiret, Cooney, portes qui claquent, quiproquos et maris trompés...
YVONNE. — N'oublie pas les femmes trahies !
MONTAGNAC. — Qu'est-ce que ça veut dire, ça ?
YVONNE. — Attention, il y a des vaudevilles qui finissent mal...
MONTAGNAC. — Jamais !
YVONNE. — Les vaudevilles finissent toujours bien ?
MONTAGNAC. — Les vaudevilles ne finissent jamais.

Yvonne. — Comment ça ?
Montagnac. — Comme je te le dis.
Yvonne. — Chaque vaudeville a son dénouement !
Montagnac. — Pour la forme, par convention, par politesse, uniquement ! Mais le vaudeville, c'est une force qui va, un désir, un désir, tu entends Yvonne, un désir incontrôlable, inexplicable, un désir qui contamine tous les personnages et les pousse à une dépense physique effrénée !
Yvonne, *acide*. — Je vois que tu maîtrises le sujet.
Montagnac, *lyrique*. — Alors oui, l'auteur écrit un dénouement, bien sûr, parce que le public veut une fin à l'histoire, mais je vais te dire, le vrai vaudeville, le vaudeville pur, le vaudeville ultime, ce serait celui qui s'arrêterait au beau milieu d'une scène, comme ça, d'un coup, soudainement, arbitrairement, abruptement, hop ! rideau ! fini ! terminé ! Car la vérité c'est que rien ni personne ne peut arrêter le vaudeville ! C'est un tourbillon d'énergie qui irradie les comédiens, qui irradie le public, et en cela, je n'ai pas honte de le dire, dussè-je être démis de mes fonctions par le Conseil National des Universités, il est nécessaire à nos vies !

Scène 19. Les mêmes, Finkelstein et Berthier.

FINKELSTEIN, *ouvrant une porte, toujours vêtue de la couverture.* — Docteur ? *(Apercevant les autres :)* Ah ! *(Se reprenant :)* Le docteur n'est pas là ?
YVONNE ET LAURENCE. — Non, il n'est pas là !
BERTHIER, *regardant Finkelstein de haut en bas, comme tous les autres.* — Mme… Mme Finkelstein ? Mais… Mais… Qu'avez-vous fait de vos vêtements ?
FINKELSTEIN, *affreusement gênée.* — Eh bien je les ai… Je les ai enlevés…
YVONNE, *choquée.* — Quoi ?
LAURENCE, *choquée elle aussi.* — C'est mon mari qui vous demande ce genre de choses ?
FINKELSTEIN, *ne sachant comment s'en sortir.* — Non, non, surtout pas ! N'allez pas croire que…
LAURENCE, *explosant.* — Alors expliquez-nous cette tenue !
FINKELSTEIN, *peinant à se justifier.* — C'est compliqué mais… j'ai tout enlevé et… je ne sais pas quoi dire…
BERTHIER. — C'est une maladie, sûrement…
FINKELSTEIN, *saisissant la perche.* — Voilà ! C'est une maladie ! C'est pour ça que je viens consulter le docteur…
LAURENCE, *incrédule.* — À d'autres !

MONTAGNAC. — Ah oui, bien entendu. L'enduophobie. La peur panique des vêtements.

FINKELSTEIN, *trop heureuse de cette intervention.* — Oui ! Oui, c'est ça ! Une peur panique...

YVONNE. — La quoi ?

MONTAGNAC. — L'enduophobie.

YVONNE, *surprise, à Montagnac.* — L'endu... euh... tu connais ça, toi ?

MONTAGNAC. — Enfin, ma chérie, tout le monde sait ça, c'est de la culture générale !

YVONNE, *feignant de se souvenir.* — Ah... mais... comment as-tu dit ?

MONTAGNAC, *articulant exagérément.* — En-d-u-o-pho-bie !

YVONNE, *même jeu.* — Ah oui ! L'enduophobie, bien sûr ! Évidemment, je connais ! Mais c'est toi, avec ta manie de parler dans ta barbe !

LAURENCE, *à part.* — Le coup de la maladie, c'est minable !

YVONNE, *à Montagnac, soudain menaçante.* — Attention, je n'oublie rien. *(Désignant Alex :)* Je n'en ai pas fini avec mademoiselle.

LAURENCE ET YVONNE, *à part, ensemble.* — C'est évident : mon mari me trompe !

Scène 20. Les mêmes, De Marcy.

DE MARCY, *entrant.* — Docteur ? Docteur, vous êtes là ?

LAURENCE, FINKELSTEIN, BERTHIER ET YVONNE, *ensemble.* — Non, il n'est pas là !

DE MARCY, *dévisageant tout le monde.* — Messieurs dames… *(À part :)* Il y en a du monde ici. Peut-être une psychanalyse collective… *(À Berthier :)* Dites donc, Berthier, je n'ai pas toute la journée.

BERTHIER, *sortant.* — Eh bien allons le chercher !

LAURENCE, *idem.* — Bonne idée, allons le chercher !

YVONNE, *idem.* — Oui, allons le chercher !

FINKELSTEIN, *idem.* — C'est ça, allons le chercher !

DE MARCY, *idem.* — Très bien, allons le chercher !

MONTAGNAC, *idem.* — D'accord, allons le chercher !

ALEX, *arrêtant Montagnac.* — Toi, tu restes là !

Scène 21. Montagnac, Alex, puis Yvonne.

MONTAGNAC. — Qu'est-ce qui te prend ?

ALEX, *l'enlaçant.* — Tu ne savais pas comment parler de moi à ta femme, voilà une occasion toute trouvée !

Montagnac, *tentant de se défaire d'Alex.* — Tu penses vraiment ?

Alex, *maintenant son étreinte.* — Mais oui ! Et tu demandes le divorce dans la foulée !

Montagnac, *même jeu que précédemment.* — Euh… écoute, Alex, j'aimerais prendre le temps de réfléchir un peu…

Alex, *déshabillant Montagnac.* — Bonne idée ! Allons réfléchir un peu…

Montagnac, *tentant de se rhabiller.* — Mais qu'est-ce que tu fais ?

Alex, *se déshabillant.* — Tu me dis que tu veux réfléchir… Alors moi, je te dis : oui, allons réfléchir un peu sur le sofa…

Montagnac, *tentant de rhabiller Alex.* — Mais Alex, tu deviens folle !

Alex, *poursuivant son effeuillage.* — Avoue que ce serait drôle : le faire chez ta fille alors que ta femme est à côté !

Montagnac, *tentant de rhabiller Alex.* — Tu trouves ça drôle ? Moi pas ! C'est de l'inconscience pure !…

Alex, *poursuivant son effeuillage.* — Allons Mimi, soit pas vieux jeu !

Montagnac, *tentant de rhabiller Alex.* — Enfin Alex, ma femme peut entrer d'un instant à l'autre…

Alex, *en tenue très légère et hilare.* — Justement ! Comme ça, le doute ne sera plus permis !

MONTAGNAC, *allant à la porte, à part.* — Mais quelle mouche la pique, celle-là… *(Jetant un œil :)* Oh non, elle arrive ! *(À Alex :)* Rhabille-toi ! C'est Yvonne !
ALEX, *toujours hilare.* — J'aurai pas le temps ! *(Entraînant Montagnac vers la salle d'eau :)* Viens ici ! *(Elle tente d'ouvrir la porte mais n'y arrive pas. Soudain inquiète :)* C'est fermé ?
MONTAGNAC, *essayant à son tour d'ouvrir la porte.* — Faut croire !
ALEX, *angoissée.* — Mais qu'est-ce qu'on va faire ?
MONTAGNAC, *désespéré.* — À ce niveau-là, c'est de la schizophrénie !
YVONNE, *off.* — Introuvable ! Quel salaud !
MONTAGNAC, *montrant la table à roulettes.* — Va là-dessous, vite !
Alex se cache dans le plateau inférieur de la table à roulette et disparaît sous la nappe alors qu'entre Yvonne.
ALEX, *à peine sous le plateau.* — Ouf !
YVONNE, *entrant.* — Toujours pas réapparu ?
MONTAGNAC. — Qui ?
YVONNE. — Marianeau !
MONTAGNAC. — Ah !… euh… non !
YVONNE. — Tu es seul ?
MONTAGNAC. — Ah !… euh… oui !
YVONNE, *soupçonneuse.* — La demoiselle est partie ?
MONTAGNAC. — Ah !… euh… bah…

YVONNE. — Bien évidemment, je ne crois pas un mot de ce que tu m'as raconté !
MONTAGNAC. — Ah !… euh… bon !
YVONNE. — Quant à ton gendre, toujours aucune trace ! Il se cache, le lâche !
MONTAGNAC. — Ah !… euh… oh…
YVONNE. — Rends-toi utile et aide-moi à le trouver !
MONTAGNAC. — Ah !… euh… oui !
YVONNE. — Je t'ai connu plus bavard…

Scène 22. Alex, puis Marianeau, Samantha et Vanina.

ALEX, *sortant la tête de dessous la nappe alors que la porte de la salle d'eau s'ouvre, laissant apparaître Marianeau.* — Michel ?
MARIANEAU, *avançant dans la pièce tandis qu'Alex rentre immédiatement la tête sous la nappe.* — Personne !
SAMANTHA, *toujours en tenue légère, restant en retrait dans la salle d'eau.* — Mes vêtements !
MARIANEAU, *cherchant.* — Où ils sont ?
SAMANTHA. — J'en sais rien !
VANINA, *entrant alors que Samantha referme la porte de la salle d'eau.* — Je peux remporter le petit-déjeuner de monsieur ?
MARIANEAU, *cherchant toujours les vêtements de Samantha.* — Euh… oui, oui…

VANINA, *regardant la table à roulettes.* — Mais monsieur n'a touché à rien ?...
MARIANEAU, *cherchant toujours.* — Euh... non... Finalement je n'ai pas faim...
VANINA, *à part.* — Ça fait plaisir ! Avec tout le mal que je me suis donné... *(Elle commence à pousser la table à roulettes mais cela lui est difficile.)* Qu'est-ce que c'est lourd, ce machin-là !
MARIANEAU, *une idée lui traverse l'esprit.* — Dites donc, Vanina...
VANINA, *rectifiant tandis qu'elle pousse toujours la table avec effort.* — Toinette !
MARIANEAU. — Ah oui... Toinette !...
VANINA, *même jeu que précédemment.* — Ou Marie !
MARIANEAU. — Ah oui... Ou Marie !...
VANINA, *même jeu que précédemment.* — Ou toute autre combinaison...
MARIANEAU. — Oui, je sais... je sais... Dites donc, Marnette ? Vous n'auriez pas vu des vêtements, ici ?
VANINA. — Des vêtements de femme ?
MARIANEAU. — Oui, exactement !
VANINA, *fière du travail accompli.* — Je les ai tous mis à laver !
MARIANEAU, *indigné.* — Quoi ? Mais vous êtes malade ? Pour quoi croyez-vous qu'on vous paye ?

Vanina, *ne comprenant plus.* — Ben... euh... pour laver ?
Marianeau. — Oui, mais au bon moment ! *(En rage :)* Foutez-moi le camp !
Vanina. — Quoi ?
Marianeau. — Vous m'avez très bien compris, vous êtes virée !
Vanina. — Alors là, ça m'étonnerait !
Marianeau. — Non mais pour qui vous vous prenez ? Je vous vire si je veux, moi !
Vanina. — Très bien. Madame sera heureuse que je lui confirme votre absence de cette nuit, ainsi que votre retour au petit matin. *(Elle pousse avec effort et rageusement la table à roulette. À part, devant la difficulté de la tâche.)* Je ne sais pas ce qui m'arrive, mais je suis crevée, moi, aujourd'hui...
Marianeau, *la retenant.* — Attendez Vani-Ma-Toini-Rillette... *(Soudain aimable.)* Je me suis peut-être un peu énervé.
Vanina, *sortant.* — Un peu énervé ? Ça ne se passera pas comme ça !

Alors que Vanina sort, Alex fait surgir sa tête de dessous la nappe et laisse apparaître un regard inquiet. Dans le même temps, Bourrassol arrive, essoufflé et en nage.

Scène 23. Marianeau, Bourrassol, Samantha *off.*

Bourrassol. — J'ai battu tous mes records...

MARIANEAU. — Bourrassol ? Mais qu'est-ce que vous faites là ?
BOURRASSOL. — J'ai terminé mon petit footing ! Je suis lessivé… d'ailleurs, vous n'auriez pas une canne ou quelque chose comme ça, je crois que je me suis fait une tendinite…
MARIANEAU. — Dans le porte-parapluies, peut-être…

On tambourine à la porte de la salle d'eau. Puis on entend Samantha crier « François ».

BOURRASSOL. — On vous appelle.
MARIANEAU. — Moi ? Non !
SAMANTHA, *off.* — François !
BOURRASSOL. — Vous entendez ?
MARIANEAU. — C'est moi.
BOURRASSOL. — C'est vous ?
MARIANEAU. — Quand je me parle tout seul, je m'appelle toujours par mon prénom ! Une manie. Dites-moi, Bourrassol, vous savez que vous êtes comme un frère pour moi ?
BOURRASSOL. — C'est vrai ? Que ça me fait plaisir ce que vous me dites…
MARIANEAU, *faux jeton.* — Je suis sincère. Alors montez au premier, deuxième à gauche, c'est la salle de bain, et sur la patère au-dessus du panier à linge, vous trouverez ma sortie de bain. Vous la prendrez, et vous l'apporterez.
BOURRASSOL. — Je vous demande pardon ?

Marianeau. — Vous la prendrez, et vous l'apporterez.
Bourrassol. — C'est vrai ? Oh merci mon cher ! *(Il embrasse Marianeau.)* C'est vraiment attentionné de votre part ! *(Il sort, guilleret.)*
Marianeau, *seul, à part*. — Je ne vois pas en quoi je suis attentionné de lui demander ma sortie de bain…

Scène 24. Marianeau, Berthier, De Marcy, puis Laurence, puis Vanina.

Berthier, *entrant, suivie de De Marcy*. — Je ne comprends vraiment pas… *(Voyant Marianeau :)* Ah ! Docteur ! Vous voilà ! Tout le monde vous cherche.
Marianeau. — Dites-moi, Berthier, est-ce que quelqu'un du nom de Bright a pris rendez-vous ce matin ?
Berthier. — Non. Par contre une certaine Mme Lorenzo patiente depuis un moment et il y a…
De marcy. — Eh bien Marianeau, on se cache ?
Marianeau. — Ah ! Madame de Marcy…
Berthier, *bas*. — Dites lui quelque chose !...
Marianeau. — C'est vraiment sensas' que vous soyez là, Madame de Marcy…
Berthier, *bas*. — Vous auriez pu trouver mieux…

DE MARCY. — Ne perdons pas de temps ! Berthier m'a montré votre *Sleep-fast.* C'est épatant !
MARIANEAU. — Vous me flattez…
DE MARCY. — Je vais vous parler franchement. Je compte vous en commander cinq.
MARIANEAU. — Cinq ? Mais c'est… Mais c'est…
DE MARCY. — Oui, mais attention ! Notre clientèle, vous le savez, vient chercher à Saint-Bernard la guérison du corps mais aussi la guérison de l'âme…
MARIANEAU. — Bien entendu ! Mais permettez-moi de vous dire que je suis fils de catholique, petit-fils de catholique, catholique moi-même…
DE MARCY. — Je sais… je sais… Mais depuis que je suis entrée ici j'ai perçu comme une atmosphère de discorde, de trouble… Permettez cette question personnelle : entre vous et votre femme, tout va bien ?
MARIANEAU, *béat*. — J'évite de le crier sur les toits pour ne pas faire de jaloux, mais nous vivons un bonheur sans nuage. *(Laurence déboule justement dans la pièce. À Laurence :)* Ah ! Ma chérie !
LAURENCE, *hors d'elle*. — Espèce de fumier ! *(De Marcy est consternée.)*
BERTHIER, *tentant de minimiser l'incident, à de Marcy*. — Un léger malentendu…

MARIANEAU, *à Laurence.* — Qu'est-ce qui te prend ?
LAURENCE. — Tu as le culot de me poser la question ? Tu perds rien pour attendre ! *(Elle sort.)*
BERTHIER, *même jeu que précédemment, à de Marcy, tandis qu'entre Vanina avec un paquet d'enveloppes.* — Je peux vous affirmer que tout le monde adore le docteur…
VANINA, *à Marianeau, mielleuse.* — Le courrier, docteur.
MARIANEAU. — Merci Vani-Marie-Toinette !
VANINA. — De rien, peau de vache ! *(Elle envoie valser toutes les enveloppes en l'air et ressort alors qu'entre Bourrassol en sortie de bain, s'aidant d'une canne pour marcher, et alors que de Marcy est de plus en plus consternée.)*

Scène 25. Les mêmes, Bourrassol, puis Bright.

BERTHIER, *tentant de récupérer l'irrécupérable.* — C'est une expression orientale… Vous savez que dans certaines contrées, les vaches sont sacrées… *(L'entraînant vers la sortie.)* Écoutez, le docteur va vous recevoir dans un moment, je vous propose un petit rafraîchissement qui…
DE MARCY, *en colère.* — Vous savez, je ne suis pas complètement aveugle… je vois bien qu'il

se passe ici des choses… des choses… pas très catholiques !

BOURRASSOL, *tâtant le moelleux du tissu de la sortie de bain.* — On est bien là-dedans !

MARIANEAU. — Alors surtout, ne vous gênez pas ! Vous avez mis ma sortie de bain ?

BOURRASSOL, *ne comprenant pas.* — Enfin, François, vous m'avez demandé de la porter, moi, je la porte !

MARIANEAU. — C'est la meilleure ! *(Avec ironie, tandis que Bright entre, à Bourrassol.)* Monsieur n'a besoin de rien d'autre ? Monsieur ne voudrait-il pas que j'aille lui servir un *Four Roses* avec des glaçons ?

BOURRASSOL, *comme un coq en pâte.* — Avec plaisir, François !

MARIANEAU, *excédé, apercevant Bright, soudain inquiet.* — Monsieur ne serait-il pas M. Bright ?

BRIGHT, *sidéré.* — Comment le savez-vous ?

MARIANEAU, *gêné.* — Eh bien… Vous avez rendez-vous ?

BRIGHT. — Pas moi, ma femme ! Je l'accompagne.

MARIANEAU, *sidéré à son tour.* — Votre femme ?

BRIGHT, *gêné à son tour.* — Enfin, pas exactement… disons, mon amie… Mme Lorenzo

Marianeau, *perdu*. — Ah… Votre… Et… monsieur n'a besoin de rien ?
Bright, *laissant va veste à Marianeau.* — Merci mon brave, laissez-nous. *(À Bourrassol :)* Docteur, bonjour.
Bourrassol, *ne comprenant pas la méprise.* — Bonjour…
Marianeau, *à part, ahuri.* — Hein ? ah ! Alors là…
Bright, *à Bourrassol.* — Je suis avec ma femme… enfin… avec mon amie… C'est elle qui a rendez-vous… Mais…
Marianeau, *bas, à travers la porte de la salle d'eau.* — Ne sors pas ! Grand danger, je répète, grand danger ! *(Il sort avec la veste de Bright.)*

Scène 26. Bourrassol, Bright.

Bright. — Mais puisque je suis là, je voulais vous demander : dernièrement, lors d'un dîner de famille, j'ai voulu dire à ma mère « passe-moi le sel », et à la place je lui ai dit : « T'as gâché ma vie, salope ». Qu'est-ce que vous en pensez ?
Bourrassol. — « T'as gâché ma vie… » ?
Bright. — « Salope ».
Bourrassol. — Salope ?
Bright. — Salope, oui.
Bourrassol, *pensif.* — Ah ! …
Bright. — C'est grave ?

BOURRASSOL. — Non, pas du tout. Vous avez fait ce qu'on appelle un *lapsus*.
BRIGHT. — Oui, je sais…
BOURRASSOL. — Le *lapsus* est une phrase ou un mot que nous prononçons alors que nous voulons dire autre chose.
BRIGHT. — Je connaissais la définition du lapsus, merci.
BOURRASSOL, *piqué*. — Vous me demandez, n'est-ce pas, alors moi je vous réponds !
BRIGHT. — Ne vous fâchez pas…
BOURRASSOL. — La prochaine fois, ne venez pas me consulter… Vous voulez un conseil, oui ou non ?
BRIGHT. — Oui, oui…
BOURRASSOL. — Bien. Alors pour éviter ce lapsus désagréable, moi je vous recommande, à chaque fois que vous voyez votre mère, de commencer par lui dire « T'as gâché ma vie, salope ». Comme ça, c'est dit, c'est fait, la tentation n'existe plus, et vous pourrez parler d'autre chose.
BRIGHT. — À chaque fois que je la vois ? « T'as gâché ma vie… »
BOURRASSOL. — Salope.
BRIGHT. — Mais enfin, docteur !
BOURRASSOL. — Je ne suis pas le docteur.
BRIGHT. — Pas docteur ?
BOURRASSOL. — Mais je suis un intime de la famille. Presque un frère.

Bright, *à part.* — Mais alors à qui ai-je donné ma veste ? *(Il sort alors qu'entrent Marianeau, tenant à la main une autre sortie de bain et Finkelstein, portant la couverture en guise de jupe et la veste de Bright.)*

Scène 27. Les mêmes, Marianeau, Finkelstein, puis Alex, Berthier, De Marcy.

Marianeau. — Écoutez, Mme Finkelstein, c'est tout de même mieux que rien ! Vos vêtements sont au sèche-linge, vous allez les récupérer dans dix minutes !

Finkelstein, *définitivement amoureuse*. — Je suis désolée pour le dérangement…

Marianeau. — Ne vous excusez pas, Mme Finkelstein, les dérangés, c'est mon métier ! *(On tape à la porte de la salle d'eau.)* Assez ! *(On tape de nouveau, avec des cris d'impatience.)* Une seconde ! ça arrive ! *(Devant les regards ahuris de Finkelstein et Bourrassol.)* C'est rien… C'est mon chien… Bref… je ne vous explique pas dans le détail parce que…

Bourrassol. — Et mon bourbon ?

Marianeau. — Hein ?

Bourrassol. — Ben oui, mon *Four Roses* avec des glaçons ?

ALEX, *entrant, vêtue de la nappe qui recouvrait le plateau à roulettes.* — Mes vêtements ? Où sont mes vêtements ?
MARIANEAU. — Vos vêtements ? Mais enfin madame, qui êtes-vous ?
BERTHIER, *entrant, suivie de De Marcy.* — Ah ! Voilà le docteur !
MARIANEAU, *poussant Alex vers la sortie.* — Cachez-vous !
ALEX. — Mes vêtements !
MARIANEAU, *la repoussant.* — Je vais vous les trouver ! Allez en salle d'attente !
DE MARCY. — Est-il possible d'avoir enfin un entretien !
MARIANEAU. — Bien entendu ! *(Accompagnant Finkelstein et Bourrassol, qui oublie la canne, vers la sortie.)* Messieurs dames, nous avons besoin de discuter seuls. *(Bas, à Berthier :)* Où sont ma femme et ses parents ?
BOURRASSOL, *laissant passer Finkelstein.* — Je vous en prie, madame.
BERTHIER, *bas.* — Ils appellent l'avocat de votre belle-mère.
FINKELSTEIN. — Merci, monsieur, vous êtes bien aimable.
MARIANEAU, *bas.* — Pourquoi ?
BOURRASSOL, *très galant.* — C'est toujours plus simple avec une agréable personne.
BERTHIER, *bas.* — Flagrant délit d'adultère !

Finkelstein, *flattée*. — Charmant ! *(Elle sort suivie de Bourrassol.)*
Marianeau, *bas*. — Flagrant délit d'a...

Scène 28. Marianeau, Berthier, De Marcy puis Bright, puis Samantha.

De Marcy. — Où est le machin ?
Berthier. — Le machin ?
De Marcy. — Le bidule.
Berthier, *fouillant ses poches*. — Ah le truc !
De Marcy. — Oui, le chose, là...
Marianeau. — Le *Sleep-fast* !
Berthier, *sortant le boîtier*. — Le voilà !
De Marcy, *prenant le boîtier*. — Marianeau, j'irai droit au but. Que vous couchiez avec Pauline, Pierrette ou Jacqueline, c'est contraire à tous mes principes, mais je veux bien oublier tout ça. Et vous savez pourquoi ? Parce que votre invention est géniale. Mais je vous préviens : ne poussez pas le bouchon trop loin ! Vous en voulez combien ?
Marianeau. — Combien ? De femmes ?
Berthier, *riant faux*. — Il plaisante !
De Marcy, *se contenant*. — Combien pour le *Sleep-fast* ?
Marianeau. — Huit mille cinq cents quatre-vingt douze.
De Marcy. — TTC ?
Marianeau. — Non, hors taxes ! Dix mille trois cents dix et quarante centimes TTC.

DE MARCY. — Vous vous mouchez pas du coude !
MARIANEAU. — Il est unique.
DE MARCY. — Je vous en prends cinq.
MARIANEAU, *jubilant*. — Cinq ? Mais…
DE MARCY. — Vous pouvez me livrer dans quinze jours ?
MARIANEAU, *dont le sourire se fige*. — Quinze jours ? Euh… oui…
BERTHIER, *bas*. — Vous avez le prêt de Monsieur Montagnac ?
MARIANEAU, *bas*. — C'est tout comme !

Mouvements d'impatience dans la salle d'eau.

DE MARCY. — Vous avez entendu ?
MARIANEAU, *faux jeton*. — Non…
DE MARCY. — Marianeau, je suis de moins en moins convaincue par ce que je vois dans cette maison, mais force est de reconnaître l'ingéniosité de appareil… Par ailleurs, je pense que nos fidèles, enfin nos clients, enfin nos patients seront fiers de savoir qu'ils sont entre les mains d'une technologie développée par un médecin de haut niveau, catholique, qui plus est, et à défaut d'être fidèle aux principes de l'Église, officiellement baptisé, catéchisé, confirmé, reconfirmé…
BRIGHT, *entrant*. — Ah ! C'est bien vous le docteur ?

MARIANEAU, *à part.* — Ah non ! Le mari de Samantha... *(À Bright.)* Le docteur, mais... oui, bien sûr M. Bright.

BRIGHT. — J'aurais voulu récupérer ma veste !...

MARIANEAU. — Pardon ?

Soudain les mouvements d'impatience dans la salle d'eau reprennent. Cette fois-ci, des objets se brisent. De Marcy et Bright sont surpris.

MARIANEAU, *feignant de parler à un chien à travers la cloison de la porte de la salle d'eau.* — Oh ! ça suffit, Nesquick ! Non mais... Ah ! Mais !... *(À De Marcy et Bright.)* C'est mon Caniche... *(Parlant à travers la cloison pour tenter d'informer Samantha.)* Gentil, Nesquick, pas bouger, on se calme, parce que le papa il est revenu, le papa ! Avec une dame qu'elle a une belle cli-cli-ni-nique, et un môssieur sympa tout plein qui s'appelle môssieur Bri-Bright... Alors gentil, pas bouger, on se calme !... *(À De Marcy et Bright.)* C'est fou ce qu'il est intelligent. Il comprend tout ce que je lui dis... *(Soudain, la porte de la salle d'eau s'ouvre, laissant paraître Samantha, furieuse et en tenue légère, l'espace d'une demi-seconde. Affolé, Marianeau lui jette alors le peignoir qu'il vient d'apporter et lui crie :)* Attention, ton mari ! *(Devant l'ahurissement de Berthier, De Marcy et Bright, qui n'ont pas vu Samantha, il poursuit en dansant avec la canne et en*

chantant, façon comédie musicale :) Attention ton mariii tigidi, attention ton mariii !
BERTHIER, *emmenant De Marcy par le bras.* — Il prépare un numéro pour le gala de la psychiatrie ! On va le laisser continuer, venez, je vais préparer le contrat du *Sleep-fast*.

Berthier et De Marcy sortent.

BRIGHT, *à Marianeau.* — Je peux dire à ma femme d'entrer ?
MARIANEAU, *ahuri.* — Hein ?
BRIGHT. — Je peux dire à ma femme, enfin… à mon amie de venir ?
MARIANEAU. — Euh… oui ! oui, oui… *(Ouvrant la porte de la salle d'eau alors que Bright sort.)*
SAMANTHA, *en peignoir.* — Je vais étouffer ! Mais pourquoi tu m'enfermes ?
MARIANEAU. — Ton mari est là !
SAMANTHA, *affolée.* — Encore ?
MARIANEAU. — Sors par la porte de service et ne te fais pas remarquer !

Samantha sort alors qu'entre Alicia.

Scène 29. Marianeau, Alicia.

MARIANEAU. — Mme Lorenzo, c'est ça ?
ALICIA, *reconnaissant Marianeau.* — Biloute ?
MARIANEAU, *reconnaissant Alicia.* — Craquotte ?

ALICIA. — Les hasards de la vie !
MARIANEAU. — On en a fait, des soirées…
ALICIA. — Tu faisais ta médecine… On avait quoi ?
MARIANEAU. — 18-19, à tout casser !
ALICIA. — Tu te souviens de notre chanson ?
MARIANEAU. — Notre chanson ?
ALICIA, *chantant et dansant, air des « Démons de minuit »*. —
C'est jeudi
Demain vendredi
Après weekend

J'ai besoin
De prendre ta main
J'ai trop la haine

Mais je sais
Que je peux compter
Sur ta présence

Car notre duo il dépote
Biloute et Craquotte

On s'déhanche dans toutes les gargotes
Nous, Biloute et Craquotte !
On entraine tous nos compatriotes
Nous, Biloute et Craquotte !
Parlé : **Sacré Biloute !**

MARIANEAU, *gêné*. — S'il te plaît, ne m'appelle plus comme ça ! Maintenant, je suis un psychiatre renommé…
ALICIA. — Excuse-moi, mais je ne te connaissais que sous ce nom-là, tout le monde t'appelait comme ça…
MARIANEAU. — Appelle-moi François, c'est mon prénom.
ALICIA. — Eh bien si tu n'es plus Biloute, moi je ne suis plus Craquotte. Je suis Mme Lorenzo.
MARIANEAU. — Et tu viens me consulter ?
ALICIA. — Oui, j'ai quelques tendances cleptomanes…
MARIANEAU, *incrédule*. — Non ?
ALICIA, *sortant un magazine de sa poche*. — Tiens, je t'ai piqué ça dans la salle d'attente…
MARIANEAU. — Ça alors… Et tu t'es fixée ?
ALICIA. — Je me suis mariée.
MARIANEAU. — Ah ?
ALICIA. — Oui, oh… avec un imbécile de première ! Après un jour de lune de miel, je l'ai lâché pour un trader. Et puis j'en ai eu assez, alors…
MARIANEAU. — Alors tu as mis le grappin sur Bright ?
ALICIA. — Voilà ! Il paraît que sa femme est une plaie !
MARIANEAU, *faisant bonne figure*. — Non ?
ALICIA. — Si ! Une vraie pile, nerveuse, le genre hystérique ! Il veut divorcer et il me parle

de mariage. On verra… Mais ça me fait plaisir de te voir !

Elle le prend dans ses bras alors qu'entre Samantha.

Scène 30. Les mêmes, Samantha

SAMANTHA. — Je n'ai pas pu partir, il y a un monde fou dans ton cabinet, ce matin… *(Voyant Alicia enlacer Marianeau.)* Ah d'accord… Ah j'ai compris… Ah c'est pour ça que tu voulais que je parte… Tu en vois une autre, c'est ça ?

ALICIA, *à Marianeau.* — Qui est-ce ?

MARIANEAU, *bas.* — Une patiente… enduophobie, ne fais pas attention… *(À Samantha :)* Je t'en prie… j'ai déjà assez d'emmerdements comme ça ! Tu vas rentrer chez toi gentiment et je t'appelle ce soir…

SAMANTHA. — Pourquoi tu me traites comme ça ? *(Désignant Alicia :)* C'est ta nouvelle conquête ?

ALICIA, *bondissant.* — Hein ? Ah mais madame, je vous en prie ! Je suis une patiente, je viens consulter !

SAMANTHA. — Ah non ! Celle-là, faut pas me la faire !

ALICIA. — Je vous demande pardon ?

MARIANEAU. — Mais Sam, je t'assure…

SAMANTHA. — J'aurais jamais cru ça de toi !

ALICIA. — Dis donc, Biloute, quand on reçoit sa poule dans son propre cabinet, la première

chose est d'éviter à ses patientes des affronts de ce style !
SAMANTHA, *outrée*. — Une poule ? Moi, une poule ?
MARIANEAU. — Elle ne parle pas de toi ! …
ALICIA, *montant sur ses grands chevaux*. — Je suis une femme respectable ! Monsieur est mon docteur !
SAMANTHA. — Ben voyons !
ALICIA, *hors d'elle*. — Absolument ! Et la preuve, c'est que je suis venue avec mon mari !
SAMANTHA, *riant jaune*. — Votre mari ? Je serais bien curieuse de le voir !
ALICIA, *très énervée*. — Mais vous allez être servie, il m'a accompagnée à ma consultation !
MARIANEAU, *dépassé par les événements*. — Oh non ! Oh non ! Oh non !
ALICIA. — D'ailleurs j'ai reconnu son pas ! Il arrive…

Scène 31. Les mêmes, Bright, puis Laurence, Yvonne, Montagnac, Bourrassol et Finkelstein.

ALICIA, *alors que Bright entre*. — Viens ici, toi ! Voici une dame qui ne veut pas croire que tu es mon mari !
BRIGHT. — Où est cette folle ? *(Reconnaissant Samantha.)* Ma femme !
SAMANTHA, *explosant*. — Mon mari !
MARIANEAU. — Ça va chier !

Samantha, *à Bright.* — Tu l'emporteras pas au paradis ! *(Elle sort vite.)*
Bright, *sortant à la poursuite de sa femme.* — Samantha ! Samantha !
Alicia, *se trouvant mal.* — Ah l'ordure ! C'est comme ça qu'il prend soin de moi…

Évanouie, elle tombe dans les bras de Marianeau alors qu'entrent Laurence suivie d' Yvonne et Montagnac.

Marianeau. — Elle fait un malaise ! Appelez les pompiers !
Laurence, *un papier à la main.* — Soit il me signe cette convention, soit je vais le faire cracher jusqu'à…
Marianeau. — Ah non ! Ma femme !
Laurence, *voyant Alicia dans les bras de Marianeau.* — Alors là, c'est le bouquet ! Maintenant, tu donnes tes rendez-vous ici ?
Marianeau. — Mais non, Laurence, je vais t'expliquer !
Laurence. — On s'expliquera au tribunal ! *(Elle sort vite suivie d' Yvonne et de Montagnac.)*
Marianeau, *alors que Bourrassol et Finkelstein entrent.* — Au tribunal, mais qu'est-ce que tu racontes ?
Bourrassol. — Dites donc, François, je vais ramener Mme Finkelstein parce que…
Finkelstein, *admirative devant Marianeau.* — Quel tombeur, ce docteur !

MARIANEAU, *passant Alicia à Bourrassol*. — Ah ! Vous tombez bien ! Tenez, gardez-moi ça au chaud une minute… *(Ressortant :)* Laurence ! Laurence !

BOURRASSOL. — Mais qu'est-ce que c'est ? *(Reconnaissant Alicia :)* Ma femme ! *(Il l'embrasse.)*

ALICIA, *se réveillant au contact du baiser*. — Mon mari ! Il m'a retrouvée, l'enfoiré ! *(Elle le gifle, puis sort. Bourrassol, ahuri, s'étale par terre alors que Finkelstein se baisse pour lui prodiguer des soins.)*

Scène 32. Tous.

BERTHIER, *entrant, suivie de De Marcy, un papier à la main*. — Ça y est ! Le contrat est prêt ! Mais où est le docteur ?

LAURENCE, *entrant, des valises à la main, suivie de Yvonne et Montagnac*. — Cette fois-ci, je m'en vais ! Il ne me reverra plus !

DE MARCY, *à Berthier*. — La femme du docteur s'en va ?

ALEX, *entrant, toujours vêtue de la nappe qui recouvrait la table à roulettes*. — Mais le destin s'acharne contre moi !

DE MARCY, *à Berthier*. — Mais qui c'est, celle-là ?

YVONNE. — Eh bien mademoiselle, je vois que vos tenues sont de plus en plus légères !

MONTAGNAC. — Mais c'est normal…

Yvonne. — Normal ?
Montagnac. — Oui, ce sont des…
Alex. — Des…
Montagnac. — Des…
Alex. — Des…
Yvonne. — Des quoi ?
Montagnac. — Des…
Alex. — …travaux…
Montagnac. — …pratiques !
Yvonne. — Des travaux pratiques ? Et sur quoi ?
Montagnac. — La…
Alex. — …tragédie…
Montagnac. — …grecque…
Alex. — Oui !…
Montagnac. — Le…
Alex. — …port…
Montagnac. — …de…
Alex. — …la…
Montagnac. — …toge !…
Yvonne, *éruptive*. — Avoue, espèce de satir ! Avoue ! Tu couches avec elle, hein ?
De Marcy. — Qu'est-ce qu'elle dit ?
Samantha, *entrant poursuivie par Bright*. — Non, je ne veux rien entendre !
Bright. — Explique-moi ta tenue !
Samantha. — Mais c'est… C'est pour mon traitement !
Bright. — Tu es une patiente du docteur ?
Samantha. — Exactement !

BRIGHT. — Et tu veux que j'avale ça ?

SAMANTHA. — Ne retourne pas la situation ! C'est toi qui arrives ici en te présentant comme le mari de cette garce !

BRIGHT, *sortant de ses gonds*. — Mais depuis quand on se fout à poil chez son psy ?

DE MARCY, *ulcérée*. — Ah mon dieu, c'en est trop !

MARIANEAU, *entrant*. — Laurence !

DE MARCY, *le boîtier à la main*. — Docteur !

MARIANEAU, *à Laurence*. — Écoute-moi !

LAURENCE. — Une, ça ne te suffit pas ? Une seule maîtresse, c'est trop peu ? Il t'en faut combien, salaud !

DE MARCY. — Cette fois-ci, c'est terminé !

ALICIA, *entrant et cherchant Bright*. — Chouchou ?

BOURRASSOL. — Te revoilà ! Mais pourquoi m'as-tu laissé tomber comme une vieille chaussette ??

DE MARCY, *toujours le boîtier à la main, à part*. — C'est la maison du vice, ici !

VANINA, *entrant et fonçant vers Marianeau*. — La coupe est pleine ! Je suis censée être une employée de maison, pas une infirmière en HP ! Je m'en vais ! Mes indemnités !

MARIANEAU. — Vos quoi ?

DE MARCY, *tendant le boîtier à Marianeau*. — Reprenez ça, nous ne faisons plus affaire ensemble ! Suppôt de Satan !

VANINA. — Mes indemnités ! J'ai droit à des indemnités !
MARIANEAU. — Pas si c'est vous qui partez !
YVONNE, *courant après Montagnac.* — Viens-là ! On va s'expliquer !
MONTAGNAC. — Yvonne !
ALEX. — Et moi, tout le monde s'en fout !
DE MARCY, *tendant toujours le boîtier à Marianeau.* — Tenez !
BERTHIER. — Mme De Marcy, je vous en prie !
LAURENCE. — Adieu ! On se revoit devant le juge. Ça va être un massacre !
MONTAGNAC, *à Marianeau.* — Le fric que je devais te prêter, tu peux toujours crever !
MARIANEAU. — Mais enfin, Michel, qu'est-ce qui te prend ?
VANINA. — Mes indemnités !
SAMANTHA. — Tu me trompes !
BRIGHT. — Toi aussi !
ALICIA. — Dis-lui que tu veux divorcer !
SAMANTHA. — Quoi ?
BRIGHT. — Je n'ai jamais dit ça…
ALICIA. — Hein ?
BOURRASSOL. — Ma chérie, pourquoi m'as-tu laissé ?
ALICIA. — Ah toi, ne me touche pas !
DE MARCY, *posant le boîtier sur le bureau.* — Puisque vous ne voulez pas…
FINKELSTEIN. — Venez docteur, allons chez moi !

MARIANEAU. — C'est pas le moment, Finkel !
FINKELSTEIN. — Vous serez bien, je vous assure !
VANINA, *s'emparant du boîtier.* — Vous l'aurez voulu ! J'active le *Sleep-fast*. Je place le capteur vers le sujet… *(Elle manipule le boîtier tandis que tout le monde parle en même temps, hurle et court dans le cabinet.)* Mais ne bougez pas comme ça ! … Quand je dirai « macaroni », vous tomberez dans un sommeil profond ! Je place le boîtier en position « sleep ». Mais… Restez un peu en place… Je n'arrive pas à viser… *(Elle suit Marianeau avec le capteur mais ce dernier se faufile entre les groupes.)* Attention… « Macaroni » ! *(À cet instant, tout le monde, à l'exception de Bright, se fige et devient une statue. Surprise, Vanina regarde tous les autres, immobiles, dans le silence qui vient d'envahir le cabinet.)* Une hypnose collective… Ça fait du bien.
BRIGHT, *à part.* — Que se passe-t-il ?
VANINA. — On se croirait au musée Grévin. *(Elle circule entre les personnes, toutes figées dans le vif de l'action.)* Ou plutôt le musée de l'adultère. Et de ses conséquences.
BRIGHT, *à part.* — C'est la bonne !
VANINA, *fouillant Marianeau.* — La carte bleue de monsieur, avec le code sur un petit papier ! Voilà qui couvrira largement mes frais.

BRIGHT, *à part.* — Elle ne m'a pas vu. *(Haut :)* Dites donc vous, vous m'expliquez ce qui se passe ?
VANINA. — Ils sont endormis. Hypnose. *(Donnant à Bright le boîtier.)* Sleep-Fast, invention du docteur Marianeau. Pour défiger le sujet hypnotisé, vous n'avez qu'à diriger le capteur vers lui et tourner le bouton de la position « sleep » à la position « on ».
BRIGHT. — Intéressant... *(À part :)* Même si, visiblement, ça n'a pas marché sur moi...
VANINA. — Moi, je m'en vais ! Dites au docteur qu'il a le bonjour de Vanina ! *(Elle sort.)*

Scène 33. Tous moins Vanina.

BRIGHT, *dirigeant le capteur vers Marianeau.* — Donc, je tourne le bouton sur la position « on ». Voilà !
MARIANEAU, *se défigeant et chantant.* — « Pour un flirt, avec toi, je ferais n'importe quoi... pour un flirt... avec toi... » Mais... qu'est-ce qui m'arrive ? *(Regardant autour de lui.)* Ils sont tous passés au *Sleep-fast* ! Où est Vanina ?
BRIGHT, *donnant le boîtier à Marianeau.* — Elle vous passe le bonjour.
MARIANEAU, *comprenant.* — Ah ! C'est elle qui nous a... M. Bright, puisque vous êtes là, je tenais à vous réaffirmer que votre femme...

BRIGHT. — Docteur, épargnez-vous de nouveaux mensonges. Nous sommes entre hommes. J'ai négligé Samantha, alors elle s'est tournée vers vous. Quoi de plus naturel ? Mais… je suis prêt à oublier ma maîtresse et à former de nouveau un vrai couple avec mon épouse légitime.
MARIANEAU. — C'est vrai ? *(À part :)* Ainsi, je pourrais me débarrasser de cette hystérique…
BRIGHT. — Mais à condition que vous la rendiez… disons… plus ardente…
MARIANEAU. — Plus ardente ? Vous voulez dire qu'avec vous elle n'était pas ? … Voilà qui m'étonne !
BRIGHT. — Docteur, vous seriez aimable de m'épargner les détails…
MARIANEAU. — Excusez-moi !
BRIGHT. — Avec Samantha, vous n'avez pas connu ce poison qui mine le couple.
MARIANEAU. — Lequel ?
BRIGHT. — L'habitude !
MARIANEAU. — Nous allons remédier à cela. *(Pointant le boîtier vers Samantha.)* Samantha, lorsque tu te réveilleras, tu redeviendras folle amoureuse de ton mari et tu m'oublieras illico… Eh voilà, il suffit maintenant de pousser le bouton sur « on ».
SAMANTHA, *se défigeant et chantant.* — « Mon histoire c'est l'histoire d'un amour…

Ma complainte est la complainte de deux cœurs... » *(Voyant Bright.)* Oh ! Mon chéri, rentrons à la maison !

BRIGHT. — Tu pourrais quand même dire au revoir au docteur !

SAMANTHA, *à Marianeau, très froide*. — Monsieur ! *(À Bright, l'empoignant vigoureusement.)* Vite, mon chéri, j'ai envie d'être près de toi !

Bright et Samantha sortent vite.

Scène 34. Marineau, Laurence, Berthier, De Marcy, Finkelstein, Montagnac, Alex, Yvonne, Alicia, Bourrassol.

MARIANEAU. — Je crois que les applications du *Sleep-fast* sont finalement bien plus nombreuses que ce que je croyais... Bon... Cependant, assez joué... les laisser dans ce coma plus longtemps pourrait être dangereux... Nous allons définitivement réveiller tout ce petit monde... Mais auparavant, j'ai une petite idée... *(Il dirige le boîtier vers Montagnac.)*

MONTAGNAC, *se défigeant et chantant*. — « Ce soir je serais la plus belle pour aller danser... danser ! Pour évincer toutes celles que tu as aimées... aimées ! » *(Voyant Marianeau :)* Qu'est-ce qui m'est arrivé ?

MARIANEAU. — Je t'ai hypnotisé ! Avec ça ! L'invention dont je t'ai parlé... le *Sleep-Fast* !

MONTAGNAC. — Incroyable...
MARIANEAU. — Au fait, je ne savais pas : bravo ! Toi aussi tu as une maîtresse !
MONTAGNAC. — Qu'est-ce que tu racontes ?
MARIANEAU. — Ne te fatigue pas, j'ai tout compris. C'est Yvonne qui doit être contente...
MONTAGNAC. — Ne m'en parle pas !
MARIANEAU. — Elle pourrait tout oublier... grâce au *Sleep-Fast* !
MONTAGNAC. — C'est vrai ? Ah ! François, tu me sauves la vie !
MARIANEAU. — À une condition : donne-moi l'argent pour financer cette avancée technologique !
MONTAGNAC, *sortant son chéquier.* — Combien ?
MARIANEAU. — Disons 100 000... pour commencer...
MONTAGNAC, *signant sans tergiverser.* — Tu sais que j'ai toujours cru en ton génie ! Je ne mets pas l'ordre ! Quant à Laurence, elle s'en remettra, ce n'est qu'une femme, après tout...
MARIANEAU, *s'approchant d'Yvonne.* — Yvonne... dans quelques instants tu vas te réveiller... tu ne soupçonneras plus jamais ton mari d'infidélité... Quant à ...
MONTAGNAC. — Alex !
MARIANEAU. — Quant à Alex, tu la trouveras tout à fait sympathique. Maintenant, je tourne le bouton sur « off ».

Tout le monde se défige. Chacun chantant pendant quelques instants une chanson d'amour, comme rêvant tout éveillé... Puis, chacun se réveille véritablement et reprend peu à peu conscience.

YVONNE, *apercevant Montagnac.* — Ah te voilà ! Je suis contente de te voir. Je te présente mes excuses... J'ai été sottement jalouse... *(À Alex :)* Quant à vous mademoiselle, et si vous veniez dîner à la maison ce soir ?
ALEX, *bas à Montagnac.* — Qu'est-ce qui lui prend ?
MONTAGNAC, *bas à Alex.* — Je t'expliquerai...

Tous les trois sortent.

LAURENCE, *à Marianeau.* — Je n'aurai pas la naïveté de ma mère. Jamais tu ne me reverras !
MARIANEAU. — Laurence, je t'en prie !
LAURENCE. — Je veux que les choses aillent vite et je ne veux plus entendre parler de toi.
MARIANEAU, *désespéré.* — C'est vrai ?
LAURENCE. — Alors je te laisse le cabinet et je m'en vais !
MARIANEAU, *soulagé.* — Ah bon, bah ça va...

Laurence sort en fulminant.

BOURRASSOL, *prenant Alicia par le bras.* — Ma chérie, je suis si content de te revoir. Je ne te poserai aucune question. L'important est que nous soyons tous les deux réunis. Viens, je vais te montrer notre pavillon. Nous avons un jardin de 14 m², toutes les chaines de la TNT et un McDo juste à côté !

ALICIA, *au désespoir.* — Mais comment ai-je pu refuser tant de bonheur ?…

Bourrassol sort en emportant Alicia qui traîne des pieds.

DE MARCY, *retrouvant sa colère.* — Malgré mon étourdissement, je n'ai rien oublié ! C'en est trop ! je m'en vais…

MARIANEAU, *la retenant.* — Mme De Marcy, c'est un affreux malentendu…

BERTHIER, *bas, à Marianeau.* — J'ai la solution. Jouez le jeu… *(Haut :)* Mme De Marcy, vous voulez partir, très bien, je vous donne votre manteau.

DE MARCY. — Dépêchez-vous !

BERTHIER, *faisant semblant de recevoir un appel.* — Un instant, je vous prie… *(Faisant semblant de répondre.)* Oui ? *(À Marianeau :)* C'est Saint-Antoine !

DE MARCY. — L'hôpital Saint-Antoine ? La concurrence ?

BERTHIER, *faisant semblant de parler à un interlocuteur.* — Mais, évidemment, nous serons ravis de vous fournir ces cinquante *Sleep-Fast* !

DE MARCY. — Ils vous commandent cinquante *Sleep-Fast* ?

BERTHIER, *faisant semblant de raccrocher.* — À bientôt ! C'est un plaisir de faire affaire avec vous !

DE MARCY. — C'étaient ces putains de Jésuites de Saint-Antoine ?

BERTHIER. — Vous vous rendez compte ? Ils veulent cinquante *Sleep-Fast* !

DE MARCY. — Je ne savais pas que vous étiez en discussion avec eux…

BERTHIER. — De toute façon, Mme de Marcy, cela ne vous intéresse plus, puisque vous ne voulez plus faire affaire avec nous…

DE MARCY. — Attendez ! Vous ne pouvez pas fournir mes concurrents directs ! Ils vont faire des bénéfices énormes et Saint-Bernard va couler ! Bien… alors, je suis prête à faire une croix sur tous mes principes… Moi aussi je vous commande cinquante *Sleep-Fast*. Mais vous ne donnez rien à Saint-Antoine !

BERTHIER. — Ce ne serait pas très régulier, d'autant qu'ils viennent de nous faire une commande ferme…

DE MARCY. — Je vous en commande cent !

BERTHIER. — En ce cas les choses sont différentes, n'est-ce pas docteur ? Venez, Mme de Marcy, nous allons passer dans mon bureau pour établir le contrat.

Elle sort, emmenée par Berthier à qui Marianeau fait un clin d'œil.

FINKELSTEIN. — Docteur… vous savez… je sais tenir une maison… je suis un peu jardinière et je fais la cuisine. Vous verrez… Je m'occuperai bien de vous… Je peux m'installer dans la chambre de Vanina ?

MARIANEAU, *abasourdi.* — Euh… oui, oui… si vous voulez…

Finkelstein, riant, donne une tape sur les fesses de Marianeau et sort alors que rentre Bright.

Scène 35 – Scène finale. Marineau, Bright, puis Finkelstein.

BRIGHT. — Excusez-moi, docteur, je reviens parce que vous ne m'avez toujours pas redonné ma veste !

MARIANEAU. — Votre ? … Ah ! Oui… Je l'ai donnée à Finkel… Je vous la fais porter demain sans faute.

BRIGHT. — Dites donc, vous l'avez bien eue, la vieille !

MARIANEAU. — La vieille ?

BRIGHT. — De Marcy !

MARIANEAU. — Vous avez entendu ?

BRIGHT. — Cent exemplaires de votre *Sleep-Fast* !

MARIANEAU, *satisfait.* — C'est ce que j'appelle une vente…

BRIGHT. — C'est beaucoup, pour une invention qui n'est pas fiable.

MARIANEAU, *fâché.* — Pas fiable ? Mon *Sleep-Fast* ? M. Bright, je vous en prie !

BRIGHT. — Je ne dis que la vérité, il n'a pas marché sur moi.

MARIANEAU. — Ah bon ?

BRIGHT. — Vanina a réussi à hypnotiser tout le monde, sauf moi !

MARIANEAU. — Mais cela veut dire que certains patients résistent à l'effet hypnotique de la machine ! C'est affreux ! M. Bright, il faut absolument que vous reveniez afin que je puisse réaliser sur vous des essais !

BRIGHT. — Volontiers ! Si c'est pour la science.

MARIANEAU, *soulagé.* — N'est-ce pas ?

BRIGHT. — À condition que cela soit rémunéré !

MARIANEAU, *résigné.* — Combien voulez-vous ?

BRIGHT. — Disons 100 000... pour commencer...

MARIANEAU, *lui donnant le chèque de Montagnac.* — Vous mettrez vous-même l'ordre...

BRIGHT. — Je vois que ma femme, en jetant son dévolu sur vous, avait misé sur un vrai gentleman ! Avec ça, je vais pouvoir m'acheter plusieurs nouvelles vestes !

Il sort alors qu'entre Finkelstein.

MARIANEAU, *trifouillant le boîtier.* — Mais qu'est-ce qui a pu se passer ?

FINKELSTEIN, *ayant revêtu un tablier de cuisine.* — Françouille ! Vous permettez que je vous appelle Françouille ?

MARIANEAU, *démoralisé*. — Je vous en prie, faites comme chez vous…

FINKELSTEIN. — J'ai fait réchauffer une boîte de macaronis !

Soudain, Marianeau se fige.

FINKELSTEIN. — Docteur ? Docteur ? Ah il est… *(Au public :)* Vous savez quoi ? Je vais le laisser comme ça, c'est encore dans cet état qu'il est le plus à son avantage ! Et surtout, tellement plus coopératif ! *(À Marianeau :)* Françouille, va donc mettre la table dans la salle à manger ! *(Marianeau s'exécute.)* Ah, Françouille ! *(Marianeau s'arrête.)* Après, tu seras gentil de me passer l'aspirateur de la cave au grenier ! *(Marianeau, toujours hypnotisé, s'incline en guise d'acquiescement et sort. Au public :)* Vous aussi, passez au couple 2.0 et achetez *Sleep-Fast* ! En vente à la caisse en sortant, à emporter ou livré en 3 jours ouvrés, paiement possible en plusieurs mensualités !

***

FIN
de
Adultère et conséquences

Table des matières

Personnages   **7**

Le décor   **9**
Scène 1. Berthier, Finkelstein.   11
Scène 2. Les mêmes, Vanina et De Marcy.   13
Scène 3. Berthier, Vanina, Laurence.   21
Scène 4. Vanina, Berthier, Finkelstein, Marianeau. 21
Scène 5. Marianeau, seul.   23
Scène 6. Marianeau, Laurence.   24
Scène 7. Les mêmes, Vanina, Bourrassol, Finkelstein.   26
Scène 8. Marianeau, Bourrassol, Finkelstein.   28
Scène 9. Bourrassol, seul.   29
Scène 10. Vanina, Finkelstein.   30
Scène 11. Vanina, Laurence.   31
Scène 12. Vanina, Finkelstein, puis Marianeau, puis Samantha.   33
Scène 13. Marianeau, Samantha, Vanina, puis Bright, *off*.   45
Scène 14. Berthier, Alicia et Bright.   47
Scène 15. Alicia, Bright.   48
Scène 16. Laurence, Montagnac.   49
Scène 17. Marianeau, Samantha, puis Montagnac. 50
Scène 18. Laurence, Montagnac, puis Alex, puis Yvonne.   56
Scène 19. Les mêmes, Finkelstein et Berthier.   68
Scène 20. Les mêmes, De Marcy.   70
Scène 21. Montagnac, Alex, puis Yvonne.   70
Scène 22. Alex, puis Marianeau, Samantha et Vanina.   73

Scène 23. Marianeau, Bourrassol, Samantha *off*. 75
Scène 24. Marianeau, Berthier, De Marcy, puis
Laurence, puis Vanina. 77
Scène 25. Les mêmes, Bourrassol, puis Bright. 79
Scène 26. Bourrassol, Bright. 81
Scène 27. Les mêmes, Marianeau, Finkelstein, puis
Alex, Berthier, De Marcy. 83
Scène 28. Marianeau, Berthier, De Marcy puis
Bright, puis Samantha. 85
Scène 29. Marianeau, Alicia. 88
Scène 30. Les mêmes, Samantha 91
Scène 31. Les mêmes, Bright, puis Laurence, Yvonne,
Montagnac, Bourrassol et Finkelstein. 92
Scène 32. Tous. 94
Scène 33. Tous moins Vanina. 99
Scène 34. Marineau, Laurence, Berthier, De Marcy,
Finkelstein, Montagnac, Alex, Yvonne, Alicia,
Bourrassol. 101
Scène 35 – Scène finale. Marineau, Bright, puis
Finkelstein. 106